住宅は骨と皮と
マシンからできている

農文協

野沢正光

住宅は骨と皮とマシンからできている

考えてつくるたくさんの仕掛け

はしがき

僕が建築を仕事にするようになって、いつの間にかもう三五年もの歳月が経ってしまった。オリンピックが開かれ、アベベが裸足で東京を走った秋、僕は大学の近くの食堂のテレビで、それを見ていたことを記憶している。その年の春、僕は一年の浪人の後、晴れてその大学の建築学科の学生になっていた。始めての夏休み、丹下健三が設計し、代々木にできたばかりのオリンピックプールの撮影のアシスタントの脚立持ちが、最初のアルバイトだった。

その頃の東京は、いまだ戦後の急ごしらえのまちに戦前の風景がそこここに残るものであり、その中にいくつかの真新しい建物が現れ、首都高速道路が開通し、新幹線が走り出すなど、オリンピックを目指した建設ブームのただなかにあった。

僕が撮影に立ち会ったオリンピックプールは、そうしたものの象徴でもあった。建設は至上の命題であり、まったくの正義であった。もっともっと建物が必要である、そうであってもそのための資金がない、そんな状況があった。

人々の住まいの水準は戦前並みか、それ以下のものでしかなく、いかにその向上を図るかが大きな問題であった。住宅公団はそうした使命を担って、その少し以前に設立され、この頃活動のピークを迎えていた。公団住宅に住む「団地族」になることが、ステータスであった時代である。多くの学生が、都市計画に、建築に、夢を持つ時代でもあった。建築はつくってもつくってもまだまだ足りない必需品であった。高校時代の名簿を見ると、驚くほどの数の友人が今も建築系の仕事についている。そんな中で、僕も建築を学び始め、多くのことを知ることになる。

学ぶ中で僕は戦後というきわめて困難な時代の中、多くの「よく考えられた建築」「よく考えられた住宅」が、清家清、増沢洵、前川國男、坂倉準三等、数多くの建築家によってつくられていることを知る。

僕が教えを受けた吉村順三も、そうした建築家の一人であった。この本で吉村先生について思い出すことを書いた。こうした建築家の設計になる建築を見、人柄に触れ、彼等に教えられ、彼らの考えるところを知ったところから僕の建築、僕の思考は始まっていると思う。この本を書きながら僕はその思いを新たにしている。

今日、建築を考える大きな前提であると僕たちが考える、環境のこと、資源のこと、素材のこと、使い続けること、それらのためのたくさんの技術、工夫の大切さ、それらは物の乏しかったあの頃の建築家にとっては当然考えるべきことであったし、そうしないと建物が建たなかったのではなかったかと思う。そしてその時代の建築家は戦前のある時期、それはほんの一時でしかなかったのだが、日本が獲得していた自由な時期の建築が持っていた暖房等の室内環境技術の快適性や必要性もよく知っていたのではないかとも思うのだ。

しかし、それら大切な知恵や体験は、その後の経済発展の中でともするとと忘れられていく。そして、建築はあわただしく消費されることを暗黙の前提としてつくられることになったのではないか。人の一生の三分の一ほどでしかない建築の寿命は、いかにもいびつだと僕は思う。

僕は今、あの頃の建築の思想をもう一度考えることが求められていると思う。戦後に建てられたいくつかの優れた建築は、今の僕たちが学ぶべき多くのことの先例と考えることができるのではないか。僕が思い考える建築像、建築家像の基底に、こうした遡《さかのぼ》ると見ることができる「原型」がある。もちろんこれは僕の中だけにある歪曲され、美化され、よいところだけが抽出され、理想化された過去であるのかもしれないのだが。

建築や住宅を考えることを始めた、あるいは始めようかと考えている若い人々、僕が大学などで身近に接している人々より少しだけ若い人に、この本を手にとってもらいたいと考え、本書を書き進めた。もちろん建築、住宅、まちなど、人がつくり出す環境すべてに興味を持つ多くの読者が、本書から何らかの感興を抱いていただければと願う。

住宅は骨と皮とマシンからできている

目次

30

第1章

相模原の家で考えたこと

空き地に栴檀《せんだん》の大木があった

僕が住んでいる家は、一〇年近く前に僕自身の設計でつくったものだ。建築家という仕事は、「人のために人の建築をつくる手伝いをするのが仕事」で、自宅を設計することはちょっと仕事とはいいにくい。おそらく自作の自宅に住んでいる建築家は、思うほどは多くないのではないかと思う。「紺屋《こんや》の白袴《しらばかま》」のたとえのとおり、建築家は自宅など持たず借家のほうが気楽なのかもしれないのだ。

早いもので、ここに住んでもう一昔になる。偶然のきっかけで紺屋が紺の袴を手に入れることになったわけだが、建築家の僕がいつもどんなことを考えながら仕事をしているのか、建築を考えるということはどんなことなのかについてこれから話そうとするとき、この家ができるまでに僕が何を考え何をしたのか、できあがったそれははたしてどうだったのかを話すことが、いちばんいいのではないかと考えた。

自作の自宅について話すことは、自分を振り返りながらする僕自身の自己紹介であり、それは僕にとっても自分自身を振り返るいい機会になりそうにも思うのだ。

僕の家は新宿から西に伸びる小田急の沿線、神奈川県相模原市にある。相模原市は比較的南北に長く、人口も面積も大きいまちなのだが、僕の家はそのいちばん南の端の端に位置している。事前にここに土地勘があったわけではなく、まったくの偶然でここに住むことになったのだが、急速な宅地化に翻弄された多くの近郊の新興住宅地の例に漏れず、住宅やアパートが密集していて、名前の通りの「原」であった昔の面影は、まれに残る小さなくぬぎ林などにかすかに見るだけだ。道は法律に合わせ幅が確保されているところと、昔のままのところが混在している。だから側溝も整備の済んでいるところとされていない

住宅地の一画に残されたくぬぎ林

ところが、敷地の幅ごとに入れ替わる。電柱はといえば、道の端に立っていたり、人の敷地を借りて立っていたりする。その電柱が上空すべてに覆いかぶさるように走る電線をかろうじて支えている。そんな落ち着かない無計画な郊外の景観がここにもある。まちの仕組みがきちんとできあがっていないあわただしく過渡的なまちだ。

　初めてこの敷地が自宅の候補地として浮上したとき、何も知らない僕は近くの駅名のイメージからか、敷地は雑木林の中かもしれないぞ、悪くても隣は林かもなんて勝手な想像をした。そして強いて考えれば、そばの厚木の巨大な米軍基地の航空騒音がネガティブ・ファクターかもしれないな、などとぼんやり考えていた。現実の敷地の周りははりつくように住宅が密集し、雑草の覆うこの敷地だけが裏まで細長にスポーンと空虚にあいていたのだった。

　何より驚いたのは、七〇坪ほどのそれほど広いとはいえない土地の真ん中に隣地に届くように枝を水平に広げる栴檀✦1の大木と、これも立派な柿の木が並んで立っていたことだ。一般に分譲地のようなところは更地にされ、樹木が一本もないようなところが多いが、まちなかのこの敷地はそれとはまったく違っていた。

　後で知ったのだけれど栴檀が残ったのは、ここに僕の知らない義理の祖父が小さな家を建て小さな畑をつくって暮らしていたことがあり、彼の暮らしがこの木を伐る必要がなかったからのようだった。またこのあたりに畑が開かれた時代に、畑地の境の目印として、栴檀の木が並んで植えられたという話も後になり聞いた。九州の一部では栴檀は建材として梁などに使われるとも聞くから、ひょっとしたらこの地に移って雑木林やススキの原を開拓した人が栴檀の苗木もいっしょに故郷から持ってきて、自分の土地の境に植えたのかもしれない。点々と立っていた栴檀は住宅が次第に建てられるようになり、一本、また一本と伐られ、ついに僕の敷地に最後の一本が残っていたのではないかというわけである。

✦1
栴檀科の落葉広葉高木。開花時期は五月下旬から六月上旬で紫色の小さな花をつける。秋に楕円形の実が枝一面につき落葉後も木に残る様子が数珠のようであることから、「センダマ」(千珠)の意で名付けられた。材は建築用装飾、家具、木魚、下駄などに用いられ、実、樹皮、根などは漢方にも用いられる。

敷地の真ん中に残されていた大きな栴檀の木

義理の祖父の祖先もどうやら九州の人のようで、郷愁がこの木が伐られずに残ったもう一つの理由だったのかもしれないなどと、想像をふくらませもした。一本の木は実に多くの空想、妄想の種となる。

敷地を初訪問した日、低く厚い雲に覆われた天空から聞いたこともないほどの轟《ごう》音が、ぼんやり敷地を見ているわれわれ家族を包んだ。雑木林の夢は敷地の中の一本の木に変わっていたが、例のネガティブ・ファクターのほうは、ここに住むことをあきらめさせようとするような強烈な現実であった。

指しかけの将棋をするように考える

建築家が住宅や建物を設計するとき、まず最初に敷地の持つ性格や条件を読むということをする。どんな住宅や建物もまちに寄り、周囲に寄り、敷地に添って建っているわけだから、周囲の道路や家並み、敷地の持つ勾配、周辺の地形、隣の家の窓の位置や部屋の様子、樹木などを注意深く観察しなければならない。

敷地の条件はたくさんある。風はどこから吹いてくるか、景色はどちらが優れているか、近くに大きな騒音を発する学校や工場、道路や鉄道、飛行場はないかなどなど、細かく見れば際限がない。それはちょうど途中まで他人が指していた将棋や碁の続きを指すようなものともいえそうな仕事だ。与えられた敷地の上に次の一手をどう打ち、どう自分なりのゲームを組み立て納得のいく成果を得るか。それがこの仕事の醍醐味《だいごみ》なのかもしれない。

いうまでもないが僕の家の場合、敷地のほぼ真ん中に残された栴檀の大木を伐らずにいかに住まいをつくるか、これが最大のテーマとなった。生き永らえてきたこの木を伐りたくない、栴檀の木を残すことをまずは引き受け、それを動かない条件とすることで、設計

敷地南側の道路風景
鉄骨を組み立てているところが僕の家

の道筋の一つがしっかりとできる。設計の条件が多く発見できたり、多くの制約が発見できたときのほうが、建築は説得力のあるものになる。意外なようだが、制約があるほうが答えはおもしろいことが多いのだ。それに僕が「環境を一つの手立てにすることが建築を考えるうえでとても重要である」と、いつも話している手前、仮に誰かが見ているわけではないとしても、伐り倒してしまうような乱暴なことができるわけもない。

敷地は道路に面して約一〇メートル、奥行きは二〇メートルほどであって、前後二本の道路に挟まれている。前の道路の反対側は二階建ての住宅が迫っている。西側も境界に近く二軒の二階建てが建っていた。それに比べると、東側は前後の庭が魅力的な住まいで、視界が開けた明るい感じだった。隣家の僕の敷地に近いところが平屋なのも解放感と明るさを助けていた。奥に見えるガレージ上のバルコニーには、おじいさんの丹精する盆栽がたくさん並んでいて、下の庭もおばあさんによってとてもきれいに手入れされていた。また裏の庭は畑としても利用されていた。

この隣家の平屋の壁の線と同じあたりに並べるように家を置き、隣のお宅と同じように裏庭を広くとろう。そして南側は、東側の隣家の庭につながるようなかたちで開いた感じにできないかと、まず考えた。そして低めのガレージを道の東に、その西に玄関を置こう。道の東から僕の家のほうを眺めると、家が建つ前と同じように、梅檀の木を眺められる開けたスペースがあるように。そうすればガレージがあるので直接道に面さない主屋はプライバシーや静かさも確保できるはず。二階建て住宅が迫る側は、建物の影になることなどを考えると、こちらも二層の建築でいいはずだ。整理すると、家の中心となる主屋部分が梅檀の木の奥にある。ガレージや玄関などはその前、道に面してある。その二つの部分を透けたトンネルのようにつなぐ。真ん中に大きく外部が入り込んでいるような梅檀のある中庭。そんな感じにできるのではないか。そうだ！　主屋部分の東西の壁は、隣家が迫っ

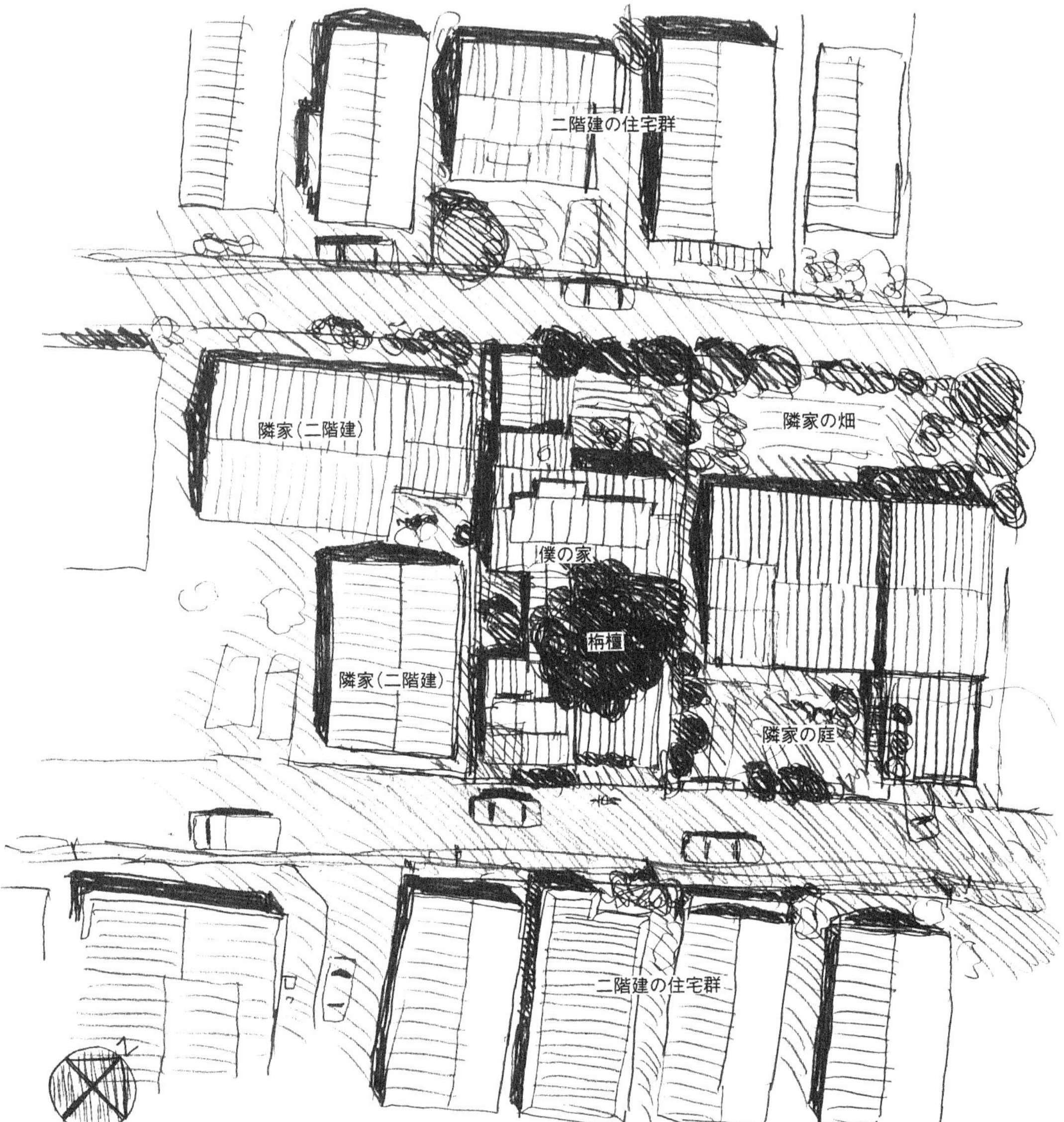

敷地の周辺環境

僕の家は敷地の南北を二本の道路に挟まれていて、道路を挟んで住宅が密集している。西側は敷地境界まで隣家が建っているのに対し、東側は隣家の庭や畑が広がっていた。図のように緑のある開けたスペースを残そうと考えた。

ているので窓を設けないで閉じてしまおう。そうすると自然に栴檀のある側に大きく窓を開いた計画になるぞ。指しかけの将棋盤のように、敷地を見て考えた大まかな計画は、そういうものだった。

スケッチブックや製図板の上であれこれ考えていくうちに、当面一台の車と自転車、将来、車二台が入り、いろいろな雑物が収納できるガレージと玄関、そして洗面所、その上にお客が来たときに泊まることのできる予備室を道路側に、東西をつなぐガラスのトンネル部分が階段室を兼ねる、生活のメインの場となる主屋部分は五〇平方メートルほどの二階建てで、ここに居間と食堂を置く。二階には寝室、納戸、子供の部屋、主屋の裏の台所の奥に低い平屋、ここは洗濯場、食品庫などのユーティリティとして使い、裏庭につなぐ、また裏の道路への勝手口にしよう。そういう細かな配置が少しずつ根拠のあるものになっていった。

こうして計画を進めていくうちにもう一つひらめいたのは地下室だった。敷地は南北に少しだが勾配があって、北側では五、六〇センチメートル下がっていた。隣家はみな前の道路の高さで土盛りをして家を建てているけれど、ここは以前のままそんなことはしていないので、敷地と主屋の基礎の高さを工夫すれば北側では一メートルほどの高低差ができそうだった。それなら半地下の部屋を居間の下につくっても北側から光の採れる窓が開けられるのではないだろうか。そう考えたのだ。

建築を学ぶ大学生だった頃、鎌倉の七里ヶ浜にある天野太郎✦2先生の自宅を訪ねたことを思い出した。海に向かった斜面に先生の家は建っていた。半地下のその部屋から見ると、腰窓に山側の斜面が接近してすぐ目の前にあり、明るく光る雑草がその窓から手に取るように見えた。そんな光景が記憶の片隅にあったのかもしれない。

またもちろん、暮らしの中で地下室を利用してみたいと常々思っていたこともある。そ

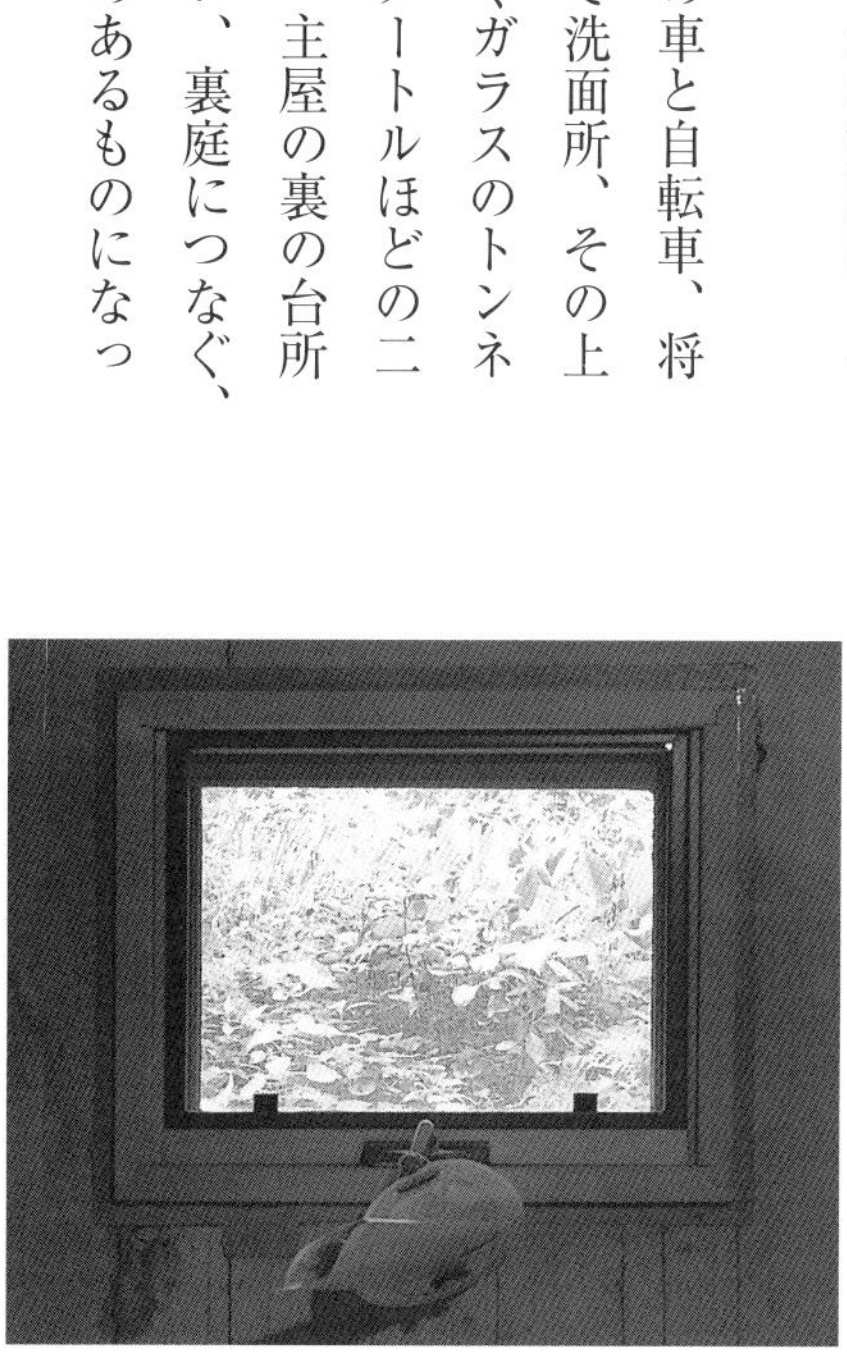

僕の家の地下室の採光窓

✦2
建築家。一九一八年、広島県呉市生まれ。一九四五年早稲田大学理工学部建築学科卒業。一九五二年より一年、タリアセンでフランク・ロイド・ライトに師事。一九五五年工学院大学建築学科助教授。一九五九年天野太郎研究室開設。一九六四年より東京芸術大学建築学科教授。一九九〇年心不全のため死去。代表作に音羽の家、新花屋敷ゴルフクラブ、武蔵嵐山カントリークラブ、親子の家、館山国民休暇村、東京芸術大学施設など。

の頃、僕はソーラーハウスの勉強を友だちと続けていた。そのため、土の中の温度は四季を通じて外の温度に比べてあまり変化せず、一定であるということを知っていた。それを実際に体で経験してみたかったのだ。

まちの記憶をつなぐ

敷地にはそれぞれ千差万別の条件がある。どこに隣の家があり、隣の家の窓がどちらを向いているか、道路はどこにあるか、家のないところはどこで、風はどうぬけていくだろうか、冬至の太陽が低い時期に敷地に隣の家の影はどのように落ちてくるだろうか、そういったことは当然どんな場合でも考えなければならないはずだ。いくつもの条件をなるべくおもしろがって、敷地をいちばんうまく使えるように、パズルを解くことが大事だ。それを僕たちは配置計画、プランニングなどと呼んでいる。

僕はここでは梅檀の木を残そうと考え、結果として中庭のある住宅をプランニングした。梅檀の枝をかわそうとしたために、ガレージは低い平屋になった。そのお陰で、その上にテラスをつくることができた。夏になると梅檀は小さな葉をたくさんつけて、テラスの上や中庭にとてもきれいな日陰をつくってくれる。秋になるとたくさんの葉を落として雨樋の掃除など手がかかることもあるが、それもある種の楽しみである。

あるとき、家の前を通りかかった人が、「木を伐らずに家を建てられたのですね。よかったですね」といってくれた。敷地の真ん中に梅檀の木がポツンとあった頃のことをその人は思い出していたのだろう。

ロンドンのテームズ川沿いに、「テート・モダン」✦3という新しい美術館が、数年前に開館した。これはもともと発電所だった建物をそのまま利用して、以前のままのシルエット

✦3
TATE MODERN。ロンドンにある近代美術館のテート・ギャラリーがテート・ブリテンと改称し、新たにテームズ川沿いに開設した現代美術を専門とする美術館。この美術館は発電所だった建物を再利用したもの。二〇〇〇年五月のオープン以来、予想を上回る来客で新たな観光名所となっている。

左頁／梅檀のある中庭

で内部を大幅に改修し、美術館に用途変更したものだ。中央に高い煙突のそびえるやや古典的でシンメトリーな特徴的な外観をロンドンっ子は長年にわたり毎日見てきた。発電所としての役割を終えても長く親しんできたその風景は、そのままにしておきたかったのだ。風景の記憶を壊さずにつなげていくことを欧米では盛んに行っているけれど、豊かなまちをつくるうえでとても大切なことだ。まちの記憶をつなげていくということは、ささやかにならば個人でもできることだし、一人ひとりがそう考えることが実はとても大切だと思う。

二階は近いほうがいい

僕の家は左頁の図のように、南に低いガレージがあり、奥に主屋部分がある。そして敷地の勾配によって、少し低く下がって、ユーティリティがあるというプランだ。

このようにプランを考えたとき、主屋の部分もなるべく高さを低くしたいと考えた。これは高いと栴檀の枝に屋根がぶつかってしまうということも理由としてあるのだけれど、高さを低く抑えてできるだけ二階を近づけたいと考えたからだ。

二階が近いと、下手をすると二階の音が一階に届いてしまうという問題は起こりうる。でも僕の家は家族が三人で、音の問題はあまり心配ないし、技術的対応も可能と判断した。これは生活の中で何を優先するかという選択の問題で、僕の家の場合は音よりも二階を近づけるほうを少しばかり優先したということになる。

学生時代に僕に建築を教えてくれた先生にもう一人、吉村順三先生✦4がいる。たぶん僕が最も大きく影響を受けた人だ。先生は建築は合理的でなければならないと、いつも話していたように思う。先生はいろいろなことを話してくれた。現代は女中が家にいて何でもしてくれるような時代ではもちろんない。私たちが考えるのは自分のことは自分でしなけれ

✦4 建築家。一九〇八年東京・本所生まれ。一九三一年東京美術学校建築家卒業。アントニン・レーモンド建築設計事務所入所。一九四一年吉村設計事務所設立。東京芸術大学名誉教授。主な建築作品に県立愛知芸術大学、奈良国立博物館、俵屋、八ヶ岳高原音楽堂、軽井沢の山荘、ロックフェラー邸など。

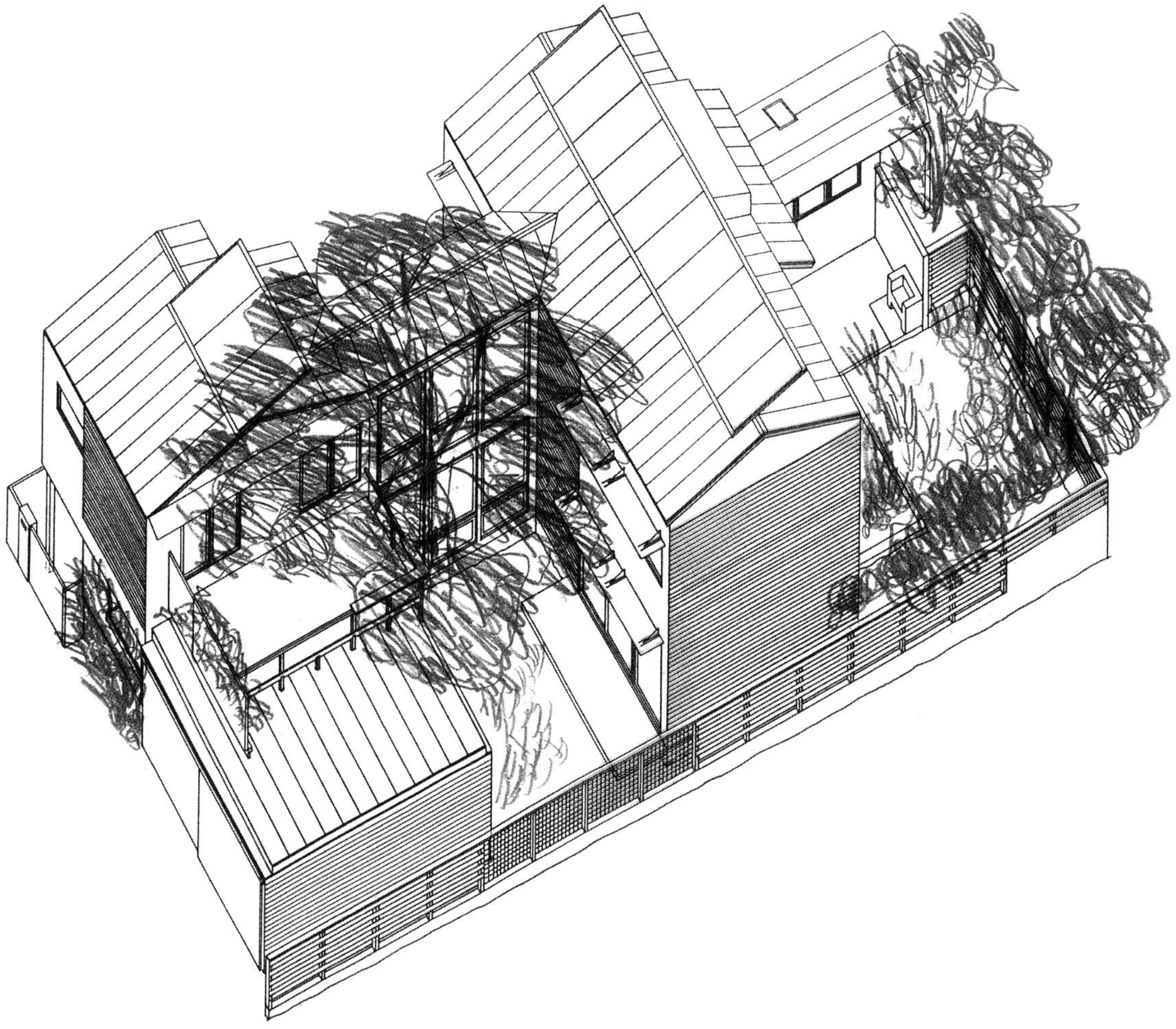

相模原の家

●建築概要

建物名　相模原の家

所在地　神奈川県相模原市

構造規模　鉄骨造2階建て、地下室あり

敷地面積　244.47 平方メートル

建築面積　115.77 平方メートル

延床面積　217.96 平方メートル

建蔽率　50％

容積率　100％

第一種住居専用地域

ばいけない時代の家である。忘れ物が二階にあったら自分で取りに行かなければいけない。そのとき、階段の段数が一段低いだけでも一生の量としてはとても大きなものになる。だから二階は低いほうがいいんだよ。先生はそんなことを話した。僕はなぜかこの話を深く記憶している。

吉村先生の自邸の天井も低い。天井が低いほうが横長に見えてきれいだ、という人もいる。先生もよくプロポーションは大切だといっていた。もちろんそれもある。天井が低いということは、二階が近くにあるということだ。二階が近いほうが便利だ。シンボリックに天井を高くして二階を遠くにした家とは対照的に、先生の自邸も何とか階段の段数を減らそうとした、住むということをとても合理的に考えた家なんだ。[5]先生のいうプロポーションとは視覚的な意味を超えた言葉であったと僕は思っている。

なるべく二階を一階に近づけたい。しかも一階の天井が低くなることで、うっとうしくなるようなことがないようにしなければならない。そのためには天井懐《ふところ》は薄いほうがいい。天井懐というのは一階の天井と二階床の間の空間のことで、二階の床を支える梁や根太など構造材が通っているところ。普通の住宅では天井板を張って隠してしまう部分だ。

天井懐をなくしたいと思った理由は他にもある。僕はこの住宅を以前から試みていたパッシブ・ソーラーハウスにしようと考えていた。太陽で空気を暖めて、それを一階床下に溜めて暖房に利用するガスや石油を使わないシステムだ。効果的に利用するためには、体積のできるだけ小さな家をつくり、外壁や建具からの熱の逃げをしっかり抑え、室内はできるだけ開放的にしたほうがいい。それから天井懐が大きいと、それが緩衝材になってソーラー・ヒーティングの効果が二階に伝わりにくいのではないかと、この新しい試みを楽しみながら、しかし恐れながら考えたのだ。

◆5
「合理の人・吉村順三」一〇八―一一一頁参照。

家の骨組みを鉄骨にする

天井懐を薄くするにはどうしたらいいか、ずいぶん考え、家の骨組みを鉄骨でつくることにした。鉄骨で家の構造をつくっても梁が必要なことは木造の場合と変わらない。梁の太さもそれほど違わない。それではなぜ鉄骨を使うことにしたのか。

問題は天井の高さをどう感じるかということだ。天井を張らない場合を考えてみると、もし梁の数が少なければ二階床の底を天井と思うだろうけれど、梁がいくつも出ていると、やはり気分としては連続する梁の底の部分が天井に見えてしまう。一方、居間と食堂の境の部分のように、大きく部屋が分かれているところの梁は、低くてもあまり気にならない。鉄骨を使えば、透けているような梁も大きな梁も自由につくることができ、使い分けもできる。

主要な構造梁を部屋の境に通して、リビングや食堂の小梁はスカスカの梁にして、二階床の底をリビングや食堂の天井と考えれば、普通のやりかたで一階天井を張るのに比べて、数十センチは二階を下げることができるのではないか。僕が家の構造を鉄骨にしようと考えた理由の一つはそこにあった。

結果として、僕の家の階段は一二段しかない。踏み板の高さは二〇センチをほんの少し上回るほどだから一階から二階まで二メートル五〇センチほどしかないわけで、これは普通の家の天井の高さといえるほどのものだ。

一般に鉄骨の家、それも鉄骨を被覆して隠すことをしないで室内に露出させた家と聞くと、ボルトなどが出っ張ってゴツゴツした、ちょっと荒っぽい家を思い浮かべるかもしれない。そういうイメージを持った人が僕の家を実際に見ると、ちょっと意外に思うだろう。

リビングの天井を見上げる。梁はスカスカのハブマイヤートラス。この梁の分だけ天井高さを下げることができた。天井面に見えるのは、実は画材のキャンバス布。

そうした鉄骨系の住宅が持つ重たい印象や何か暴力的な印象からは、ほど遠いからだ。それは僕の家の鉄骨が、大型の建物を建てるときに使う重量鉄骨ではなく、小梁などに使用される中量鉄骨でできているためだ。

日本の戦後の経済成長は、鉄鉱石などの資源を大量に輸入して製品化し、売りさばいた歴史ともいえる。だから利用可能な資源としての鉄は、すでに国内に山のように存在している。アルミや鉄という基幹的な資源をこんなに溜め込んでいる国は他にない。歩道橋など用のなさそうなところに大量の鉄を使うのは、一種の戦争準備ではないかという冗談のような話を聞いたこともあるほどだ。半世紀前の戦争で、お寺の鐘まで供出させた話を思い出せば、あながち冗談といえないのかもしれない。

鉄鉱石からすでに鉄となっている鉄、ボーキサイトからアルミニウムになっているアルミは、循環型の資源の優等生で何回ものリサイクル可能な素材だ。地球環境のことを考えれば、建築でもリサイクル可能な素材を積極的に使っていくべきだと思う。[✦6] こうした考えももちろん鉄を使うことの大きな根拠だし、鉄骨構造は構造設計がしっかりとその耐震性を保証してくれ、その結果、家屋にかける保険料も割安になるという利点もあるのだ。

鉄骨造にしたことで、平面のプランニングもかなり自由になった。一階にリビングと食堂のある主屋は一〇メートル×四・五メートルの大きさがあるが、木造とさほど太さの変わらない一五センチメートル角の鉄パイプの柱六本だけで支えられている。実際は廊下とつなぐためにもう一本柱があるのだけれど、基本的に六本で自立している。

木造では耐震上欠かせない筋かいも一本もないから、どこを壁にするか、窓にするか、制約がまったくないのもありがたい。二階の床は高さ三〇センチの断面がI《アイ》形をした鉄の主要な梁が四周を回り、中央をつないでいる。その梁の間にかけられた小梁は、細い鉄筋を連続する三角形に組み立てた、いかにも軽そうなひらひらのトラス梁である。だから鉄

✦6
鉄をどんどん使えばいいといっているわけではもちろんない。なぜなら一九九五年に世界中で使われた鉄鋼の量は七億二四〇〇万トン、日本はこのうちの一一%、七九〇〇万トンを消費しており、一人当たりの消費量では世界一である。鉄鋼の半分の量が建築・土木の分野で使われていることを考えると、建築のプロフェッショナルの責任は重大である。

鉄の寿命は二〇〇年と長い。だから何よりも鉄の消費量を減らすには、建築の寿命を長くすることと、リサイクル鉄の割合を高めることが大切だ。日本の鉄鋼生産のうちリサイクル鉄の割合は一九九五年の統計では三二%である。

二一〇〇年に人口が半減、人口以外の需要減が二割あり、建築物の耐用年数を現在の三倍、リサイクル鉄の割合を九割まで高めると仮定すると、建設で使われる鉄鉱石の消費量は一九九五年の三三〇〇万トンから五一万トン、なんと一・五%まで落とせるという。(「環境・持続社会」研究センターの試算)

南側の道路から見た鉄骨躯体
低い部分がガレージ部分

骨造といっても使われている鉄の量はかなり少ない。

鉄骨が組みあがったとき、製作してくれた鉄工所のおじさんが、このトラス梁でうれしそうに懸垂《けんすい》していたのを思い出す。長年この仕事をしてきたおじさんにして初めての試み、少し心配だったのかもしれない。

住宅は骨と皮とマシンからできている

ここで少し僕の家のことを離れ、「住宅って何なのか」という基本的なことを考えてみることにしよう。住宅って何なのか、住宅は何が備わっていれば住宅といえるのかを考えることは、とても大切なことだと思う。なぜなら僕たちがつくる住宅というのは、僕たちが日常考えていることの表れ、メッセージでもあるからだ。

僕たちにとっての住宅とは何だろうと考えたとき、少なくとも僕たちが考え、つくる住宅は、建築であるという意味では同じものであってもギリシャの神殿や壮麗な教会や寺社、戦国時代の城などとはまったく別のものであることは、誰でも納得してくれるだろう。僕たちの住宅は、権力者や神の力を誇示するためにつくるシンボルではない。人々がそこで生きるために欠くことのできない、いわば装置であるはずだ。そう考えると、建築には人が自然から守られ生きるための仕掛けとしての意味と、結果としてその造形が持つシンボルとしての意味があるということに気付く。住宅は生きていくための装置だし、教会建築などはきわめてシンボリックな意味だけに奉仕する建築だといっていいだろう。そして大学の建築史の授業などで僕らが学ぶ建築のほとんどは、その中では命を永らえることができそうにないシンボルとしての建築がほとんどなのである。

僕はそこで人々が生きていくためのシェルター、それが住宅を考える上で最も重要な力点でなければならぬと思う。シンボルとしての建築へ力点を置くことは、住宅を教会や寺社に近づける。その結果、生活を、生存を、快適性を考えることを怠り、住宅の本質を問うことを避けさせると考えるのだ。そう考えたとき、「生きるための住まい」の原型が気になってくる。最も明快な住宅の原型と考えられるのは、縄文の住居としてよく知られる竪穴住居や今もモンゴルで使われている移動住居、パオのようなものだろう。

竪穴住居やパオは一般には木材や竹、そして萱《かや》や藁《わら》や獣の皮など手に入りやすいものからできていて、それによって外と区画された室内をつくっていると理解できる。骨組みによって家全体の重さを支え、空間をつくり、草や獣皮によって外部の厳しい風雨や寒暑から室内を守っているわけだ。そして、ここには必ず中央に炉が設けられている。このことに特に注目すべきだろうと思う。炉はもちろん食事のためだけでなく、冬の寒さから逃れ、快適に過ごすための装置だし、それは露出する室内の土の表面を乾燥させ、湿度のコントロールをするための装置でもある。

骨組み、草や獣皮、炉。この三つが生存のための住宅には必ず備わっている。特に炉、つまり熱源の存在が、神殿や寺社と大きく異なることに注目しよう。このうちの骨組みのことを「スケルトン」、それを覆う皮のことを「スキン」、スケルトンとスキンを合わせ「シェルター」と呼ぶことがある。僕たちが住む住宅のかたちは、竪穴住居やパオとはずいぶん違ったものになっているけれど、現代の住宅もその構成要素はなんら変わっていない。住まいをスケルトン、スキン、そして炉に整理して考えていくとわかりやすいだろう。現代の住宅では炉はずいぶん複雑なものになっている。熱源もガス、石油、電気と多彩で、最近はソーラーシステムなどの自然エネルギーや燃料電池など最新技術も目白押しだ。そのうえ暖房のみでなく、冷房も可能になっている。僕は進化したこうした「炉」を「マシン」と呼んでみたりもする。

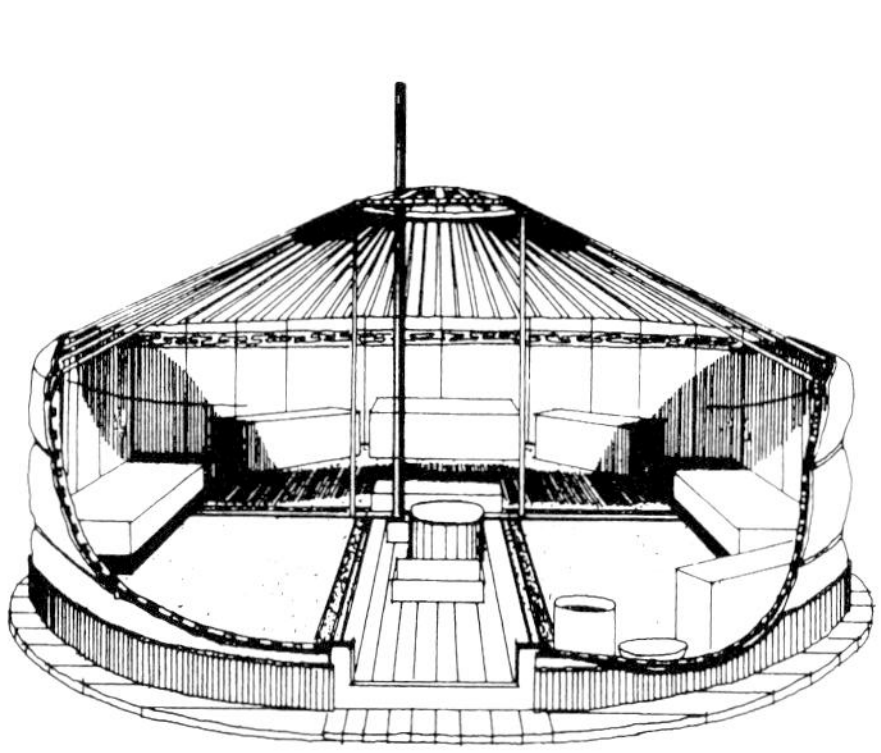
パオの構造

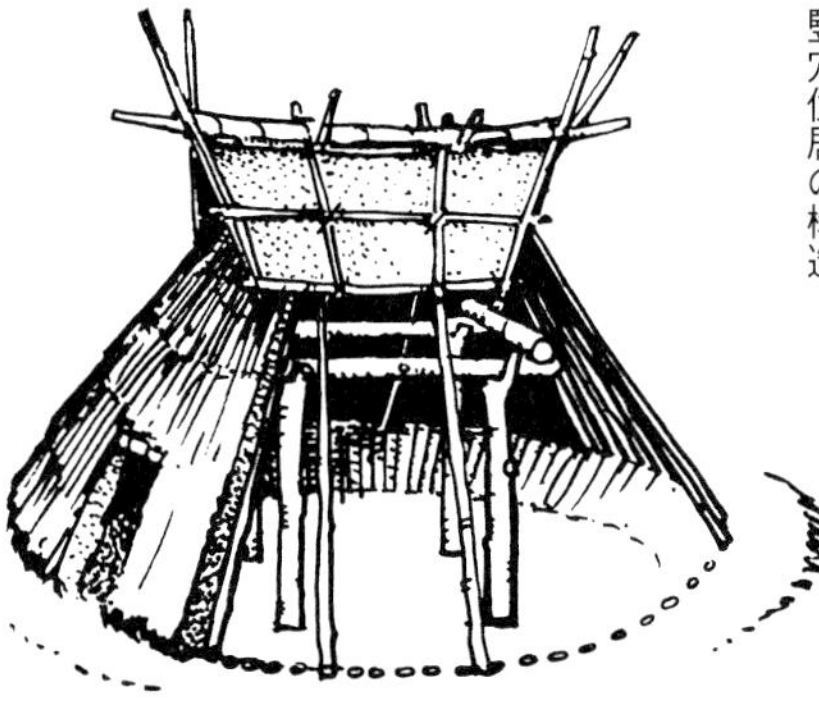
竪穴住居の構造

昔と様子は変わってきたが、スケルトン、スキン、そしてマシンが今も住まいを考えるときの三つの要件であることは変わりがない。木造の住宅でいえば、大工さんがつくるところがスケルトン、屋根屋さんが載せたり、建具屋さんが入れたり、左官屋さんが塗ったりするところがスキンだろう。スキンにくるまれ、その中でマシンが稼働する。これによってできた外部と違う室内の環境を僕たちは「室内気候」と呼んでいる。英語でも「インナークライメート」という。この室内気候をどうつくるか、人々は長年このことを住宅づくりの眼目としてきたはずである。

そう考えていくと、日本の伝統的な貴族の邸宅である寝殿造り[✦7]と同時代の庶民住宅であった竪穴住居を比べてみると、冬の住居としては竪穴住居のほうがだんぜん優れていたのではないかと思えないだろうか。冬の寝殿造りでの暮らしは、やはりかなり我慢を強いられるはずで、召使いに支えてもらわないとおそらく暮らしていけなかったのではないだろうか。外気が零度を下回っている時期に、外気温とほとんど変わらない室内で、十二単《じゅうにひとえ》を着、手あぶりで暖を採る以外に寒さをしのぐ方法がないというのは、やはり住居としてはいかにもつらそうだ。炉が見あたらず開口部ばかりで、床下や小屋裏の通風を最大限にとる寝殿造りは神殿造りのようでもあり、ポリネシアのような気候、つまりシェルターが雨と風さえ防ぐことができればいい、温熱のコントロールが必要のない地域の建築のように僕には見える。もちろん日本の夏は、まさにポリネシア並みの高温多湿だから、こちらへの対応が何より大切だったのだろう。有名な「夏をもって旨とすべし」という吉田兼好の『徒然草』の文章もこうしたことかと思わせる。「夏をもって旨とする」とは、冬は我慢ということになるのだろう。

それに比べて竪穴住居は、厚い萱や藁をスキンとしてその全身にまとっている。厚い萱や藁は断熱性能のとてもよい素材だ。断熱性能というのは、熱が壁や屋根、床から逃げて

✦7
平安時代に完成された天皇や貴族の住宅形式。平安中期頃から、下位の富裕な貴族が禁じられている上位の寝殿造りと同じ屋敷を構えたり、一方貧窮した貴族が造りを簡略化したりして次第に変質し、中世の書院造りへと変わっていった。

いくのを遮《さえぎ》る性能のことだ。家の中央では炉が年中火を絶やさずにいたと考えられる。地面という熱量をたくさん蓄えられるものに接して火をちょろちょろ焚《た》いて、常に地面を暖めていれば、どんなに寒い時期でも室内は氷点下にはならなかったはずだ。✦8

　僕は子供の頃、東京郊外の国分寺というところに住んでいた。国分寺は聖武天皇によって各地につくられたいわば国立の寺だが、武蔵国分寺は中でも壮大な寺で、七重の塔と大きな本堂が建つ伽藍《がらん》があったといわれている跡地の草原に、巨大な礎石がいくつもあったのをおぼえている。この周辺で遺跡の発掘をしているところに何度か出会った。それらはみな竪穴住居の遺構だった。当時の僕には竪穴住居はひどく原始的に見え、寺の伽藍よりずっと以前のものに違いないと思っていたが、発掘をしていた専門家は、それが国分寺の建設にかかわった人々の住まいであると、僕に教えてくれたのであった。

　竪穴住居というのは、いわば地面に屋根だけが直接置いてあるといえそうなものだ。一般にはこの住まいが、柱を持ち、高い床を持っていくという進化のプロセスを何となく想像する。しかし縄文からだいぶん後の奈良時代の住居に「竪穴」があったのである。奈良時代にあるのならもっと近い時代にも「竪穴」があってもおかしくない。僕はこの国の気候を考えると、北海道はもちろんのこと、東北、信越、関東北部などに寒地向けの住まいがなかったはずはないと思う。竪穴住居、あるいはそれときわめてよく似た寒地向けの住まいが本当に消滅するのは、案外最近のことではなかったのかという気がしている。

　現代の住宅にももちろんスキンとスケルトンがある。そしてそこにエアコンやストーブ、大きな建築物では大型の空調機といったマシンがついている。そしてそれらマシンは、ほんのここ半世紀ほどで信じられないほどの力を持つものとなっている。暑さをコントロールするクーリングや湿度コントロールは、以前には思いもよらなかったそうした新技術の典型といえる。僕たちはそうしたマシンによって室内気候をつくっている。しかし、現代

✦8
チセと呼ばれるアイヌの伝統的な住まいがある。掘建て小屋の屋根や壁を茅、芦、木の皮、笹などの植物材で軽く覆っているだけだ。北海道の極寒の地でどうしてこれで生きていけるのだろうと、不思議に思うが、実は厚く積もる雪を断熱材とし、一年中絶やさない炉の火で土間の床を暖めることによる放射熱を利用している。一年にわたって地面に蓄えた熱が冬の間の彼らの生命維持装置になっている。冬の間も炉の火をちょろちょろとしか焚かないのは、屋根の雪を融かさないための知恵である。

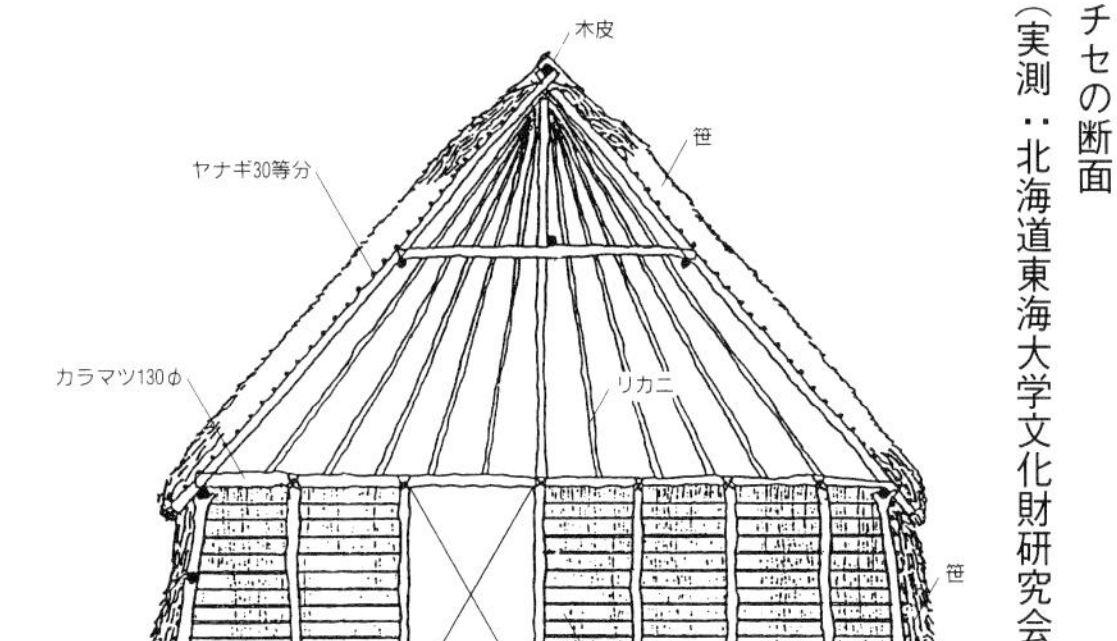

チセの断面
（実測：北海道東海大学文化財研究会）

住宅は骨と皮と
マシンからできている

の住宅は少しマシンに頼りすぎてきたという反省が、一方で僕たちにはある。すばらしいマシンは、ひどく多くの資源を消費する。それが地球環境へ及ぼす影響がきわめて深刻であることに気が付きはじめたからだ。シェルターとしての家の性能をないがしろにして、石油や電気をたくさん使ってストーブやエアコンだけで室内気候をコントロールしようとしてきたという反省が、僕たちにはある。寝殿造りにたくさんのマシンを取り付け、たくさんのエネルギーを投入しても、竪穴住居の快適さはつくり出すことができないことに気が付いたのだ。マシンに全幅の信頼を置かず、シェルターが引き受けられることをきちんと考えておかないと、下手をすると非常に暖冷房費ばかりがかかる建築になってしまったり、住むのに適当な室内気候すらつくれない住宅になってしまうことだってある。こう考えることはとても大切なことだと思う。

断熱性能と木製建具

話を僕の家のことにもどそう。僕が家のスケルトンを鉄骨にしたということはすでに書いた。鉄は土や石と異なり、とても熱の伝わりやすい物質である（こうした性能を数値化したものを熱伝導率という）。伝わりやすいということは溜まりにくいということでもある。金属を冷たいものと感じるのはそのためだ。だから鉄骨造の場合、スケルトンがそのまま外気に接していると、外の温度と室内の温度との橋渡し役（これを熱橋＝ヒートブリッジという）をしてしまうことになって大変具合が悪い。外気の寒さ、暑さは無限大といっていいほどあり、室内のエアコンのとうてい勝てる相手ではない。だから鉄骨で家を組み立てる場合は、それをぐるりと断熱性能のよいスキンで完全に覆うことが必要になるわけだ。

左図が僕の家の外壁の断面だ。鉄骨を断熱材でくるんで、その上にガルバリウム鋼板と

ガルバリウム鋼板と木毛セメント板を使った外壁

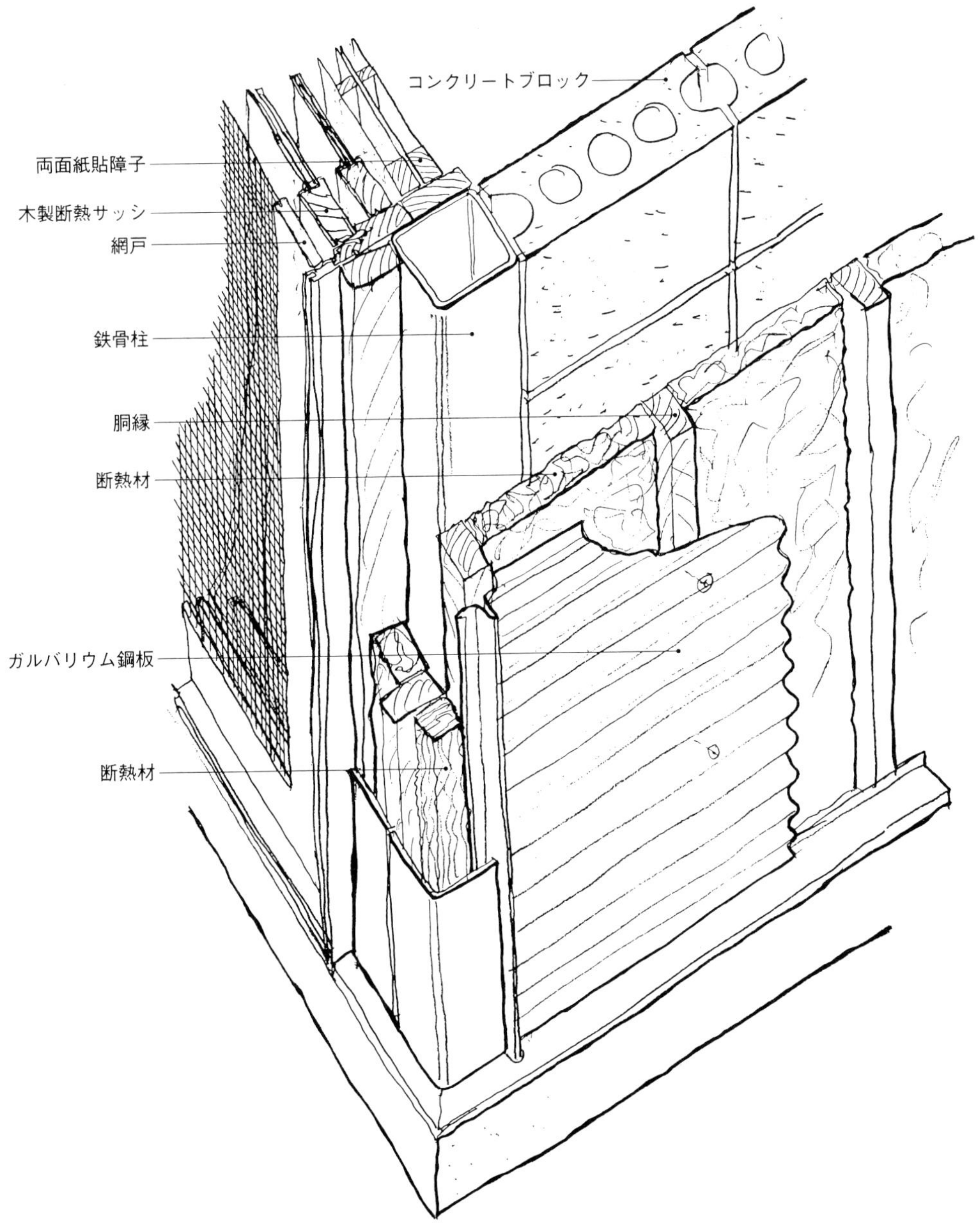

僕の家の外壁の断面は図のようになっている。室内側はぐるりと外側を断熱材で覆ってある。断熱材と胴縁の厚さが違うのは外側に通気層をとるためである。コンクリート・ブロックは室内の蓄熱量を増やす役目をする。

いう薄い金属板や木毛セメント板[✦9]を張ってある。断熱材と外壁の間には空気が自由に通れる隙間（通気層という）がある。通気層をとるのは、太陽の日射で暖められた外壁面の熱が内側に伝わらないようにするためだ。

外壁の西面や東面はとても長い時間太陽の熱にさらされる。夏至の太陽は東よりかなり北に寄ったところから現れ、日没も西にではなく西北西、かなり北寄りになる。西日の射し込む窓が厳しいことはよく知られているが、ほぼ壁に直角に近い角度での長時間にわたる日射がその原因だし、東や西の角部屋は外壁に面している量が大きい分、外気温の影響も大きい。外部の熱が直接室内に影響することを防ぐことはとても大切で、このような工夫は最近は木造住宅でもよく使われるようになった。外側断熱といったり、外断熱工法と呼んだりしている。

シェルターを室内の環境をコントロールするための大事な部分であると考えるとき、いちばん問題になる熱的に最も弱いところが、窓だということはすぐに思い当たるだろう。冬に窓の近くに行くと足下がなんとなく寒いことがある。ガラスの面が、住まいの中で熱の出入りが最も大きい部位だからだ。

今の日本では建具のほとんどはアルミ製のサッシである。しかし、これは日本のとても特殊な状況で、海外ではこれほどアルミサッシを見かけない。一方、日本で木製建具というと、中年以上の人は建て付けの悪い昔のガラス戸を思い浮かべ、印象が悪い。日本の木製の建具は建具屋さんが柱の間に入れた障子や襖がルーツで、紙の代わりにガラスをはめたものが、その評判のよくない一昔前のガラス入りの木製建具というわけだ。つまりガラス戸は寝殿造りをルーツとする襖や障子の代わりというわけだから、基本的に気密性や断熱性は考えられていない。少し乱暴にいえば銭形平次の番所の障子といくらも違わないのがその頃のガラス戸だった。大雨が降れば柱とガラス戸の間から水がしみ込んでくるし、

✦9
木材をリボン状に削ったものを木毛というが、木毛とセメントをほぼ半分ずつの割合で混ぜて加圧成形した板のこと。断熱性、吸音性、防火性があり、下地用、仕上用として天井や壁に用いられる。

冬に火鉢一つで我慢するという時代ならまだしも、きちんと暖房しようとなると、やはりとても具合が悪いものだったのだ。

高度成長期を迎える頃になると、どの家もガラス戸はアルミサッシに取って代わることになる。当時のアルミサッシは、それまでのガラス戸に代わって大工さんにも簡単に工事の可能な日本で初めての枠付き建具として開発、販売され、ユーザーや大工さんに歓迎されたわけだ。アルミサッシに代えてみると、風が吹いても戸がガタガタと鳴るということがなくなる。隙間風は入らなくなる。気密性は格段に向上した。しかしこのサッシは残念ながら断熱性という面では目に見える性能を持つものではなかった。冬、室内を暖房すると、暖房をすればするほどアルミの枠やシングルガラスの面から冷たい外気を室内にどんどん呼びよせてしまい、寒さが床に降りてきて足下を寒くするということが起こる。アルミは鉄をもしのぐ熱伝導率の高い金属だから、枠の部分のみで考えると木の何倍もの寒さを運んでしまうことになる。隙間風を解決したことだけがアルミサッシの大きな手柄であったといえるのだ。もちろんこの建具も厚めのカーテンを隙間なく下げたり、枠のきちんとした雨戸を設けたり、また内側に障子を置いたりして補強を考えれば、かなり改善されるのだが。

僕は栴檀の木のある中庭に向かって、大きな開口部のある計画を立てていた。しかもこの家を以前からいろいろ試していた空気集熱式のソーラーハウスにすることも決めていた。太陽エネルギーという廃棄物ゼロで地球上に大量にある、しかし石油や電気に比べてとても低い温度にしかならない熱を利用して住宅全体を暖房しようと考えていたわけだから、シェルターとしての住宅の性能は、できるだけきちんとしたものとしておきたかった。

だから、この窓の部分にはペアガラス✦10の入った断熱性能のよいドイツやカナダなどで使われているような木製建具をどうしても使いたかった。銭形平次の番所の窓では困るとい

✦10 二枚のガラスを一定の間隔を保って組み合わせ、その周辺を密封して、内部に乾燥空気を入れたガラス。断熱性能、遮音性能が高く、室内外の温度差によるガラス表面の結露もない。

うわけだ。
ペアガラスはシングルガラスの四分の一程度しか熱を通さない。北方の国で売られている木製建具は、金物の工夫もあって、きわめて気密性もいい。木の枠だからアルミサッシのような熱伝導の問題もない。当時は日本のペアガラスがとても高価だったこともあって、開口部は並行輸入の木製サッシにすることに決めた。十分にコストをかけることができれば、オーダーメードで希望に合った寸法のものを注文することもできるが、限られた予算の中できちんとした断熱性能のある注文通りの建具を手に入れるのはなかなか難しい。それにメールオーダーのようなかたちで取り寄せるわけだから、万一ガラスが割れたりして取り替えることがあったとしても、レディーメードのスタンダードサイズのもののほうが、注文が出しやすい。ペアガラスの木製建具をアメリカやカナダのカタログを見て何とか使えそうな寸法のものを必死で探した。ありました！　高さが二メートル五センチ、使えそうなものが。

人間が工夫し考え、そしてものをつくることは、いつでもなんでもあっちの条件、こっちの条件といくつもの条件を並べ、いかに矛盾なく合理的にそれらを評価し、統合し、矛盾の極力少ない結論にたどり着くかということかもしれないと思う。建築の場合でもそれはまったく同じだ。前に述べた「指しかけの将棋を考える」ということにもつながってくるのかもしれない。

二階を低くしようとして、二階までの階段の高さは二メートル五〇センチしかないということを書いたけれど、これは梁までの高さをレディーメードの建具の大きさから導いたともいえるのだ。玄関と居間部分をつなぐガラスの通路の長さ、高さも実は三本並べたレディーメードの木製建具の寸法を基準に決めている。

建築は窓のサイズなどではなく、もっと基本的な寸法のルールに支配されているのが普

室内側から見た階段室のサッシまわり。鉄骨柱がサッシの内側にあることに注意。

左頁／断熱サッシで構成された階段室

通だし、本当はそれが正しい。そうした基準寸法をモジュールと呼んでいる。日本の伝統建築の畳を基準につくられるシステムは、まさにモジュールというべきものだ。モジュールのことはまた後で述べる機会があるけれど、ここでのモジュールは、既製品の木製建具の寸法、カタログから選んだ窓の割り付けで決められたものだったというわけだ。

開口部の断熱性能をあげるという工夫でいえば、僕の家の障子は二重張りになっている。障子の桟の両側から紙を貼ってあるのだ。これもシングル張りの障子よりずいぶんと断熱性能はいいはずで、障子のないところのブラインドも障子とよく似た風合いのダブルになって中に空気層のあるものを選んでいる。

コンクリート・ブロックの壁がある理由

主屋の東西の壁はコンクリート・ブロックが積んである。なぜコンクリート・ブロックが積んであるのか、これにも理由がある。鉄骨の骨組みと木製の断熱性能のいい建具を使って、全体として軽い住宅を僕は考えた。でも少し室内の蓄熱性能が、足りないと思ったからだ。

蓄熱性能というのは材料が熱を溜《た》めておける性能のことだ。石やコンクリートは蓄熱量が大きい。熱容量が大きいといういい方もする。室内にある程度蓄熱量の大きな壁や床がある建物だと、例えば寒い冬に窓を開けて換気をし、一時的に室温を下げても、しばらくすれば壁や床に蓄熱されていた熱が室温の減少を補ってくれる。また夏に外から熱風が入ってきても、蓄熱量のある壁や床が、例えば夜間に冷やされていて適度に冷たければ、暑さを相殺してくれる。蓄熱は穏やかな温度差の環境をつくるといっていい。つまり主屋のコンクリート・ブロックの壁は、室温を安定に保ってくれる一種のバッファーのようなも

左頁／リビングの北側コーナー部の
コンクリート・ブロック壁

のなのだ。もちろん、そのためにはこの壁は外気と完全に断熱されていなければならない。コンクリート・ブロックの外側には、グラスウールが張りめぐらしてある。これが断熱されていないと、とても具合の悪いことになる。蓄熱量の大きな打ち放しのコンクリートの建物で、もし外側が断熱されていないとどういうことになるかを考えれば、そのことが理解できるだろう。

　夏、コンクリートの表面は太陽の日射を受けて五〇℃にも六〇℃にもなる。この熱はコンクリートの内部にどんどん蓄熱される。夜になって外の空気が涼しくなった頃に、コンクリートに溜め込まれた熱がじわじわと放射されてくる。これは室内にも当然放出される。室内に風を取り込んでも、あるいはクーラーをつけてもちっとも室内が涼しくならないということになる。それどころかクーラーを強めれば強めるほど、壁に溜まっていた熱は放出される。ちょうどそれは水位の差によって起きる滝のようなものだし、コンクリートに溜め込まれうる外気や太陽熱のエネルギーは実に巨大だから、クーラーごときで対応しても汲《く》めども尽きぬという感じのものといえるものなのだ。

　冬はちょうどその逆のことが起きる。コンクリートの壁が外気に触れて氷のように冷たくなってしまうからどんなに室内を暖房しても暖まらないということになる。蓄熱量の大きな建物は断熱のことをきちんと考えておかないと、夏はとても暑く、冬はとても寒い家になってしまう。だから室内の壁や床の蓄熱を考えるときは、断熱もいっしょに考えなければならないということになる。

　それでは断熱を考えてあれば、室内の蓄熱はたくさんあればあるほどいいかというと、そうともいえない。僕たちの持ちうる熱源の大きさとのバランスがあるからだ。暖冷房装置の威力が小さいのに蓄熱量ばかり大きな家だと、一日中暖冷房しても壁や床に溜め込むばかりで、いっこうに効かないということも起こりうるからだ。

ソーラーハウスを勉強する

僕の家はソーラーハウスだ。ソーラーハウスというのは、太陽の熱を利用して、暖房やお風呂のお湯をつくる仕掛けのある家のことだ。僕は仲間とソーラーハウスの勉強をしながらソーラーハウスをつくり続けている。僕の家のソーラーシステムの仕組みを紹介する前に、なぜ僕がソーラーハウスを勉強しはじめたのか、そのことを少し話そうと思う。もうかれこれ二〇年近く前のことになる。

プロフェッショナルとして建築の設計をする人たちを建築家というわけだけれど、建築を設計するうえで何を仕事の楽しみと考えるかは、建築家によってそれぞれちがうし、それは当然ながらその人の自由であるはずだ。クライアントに「つくってください」と頼まれたときに、どうしてそういうものを考えたのか、説得力のある説明ができないと、プロとしては困る。そして僕たちの時代の持つ最善の答えを提示したいと、僕たちは思うのだ。建築は、建築家が生きた時代、建築がつくられた時代によって随分いろいろな形をとってきているといえるのだ。個人の住宅であっても、時代が持っているテーマや課題と、それはまったく無関係ではない。

僕たちの時代は半世紀ほど前に大きな戦争があって、家がほとんど焼けてしまい、一からつくり直さなければならないところからはじまった。住むところがない。とにかく住めるところをたくさん確保しなければならないというところからはじまったわけだ。僕が学生時代に建築を学んでいた頃、僕たちに建築を教えてくれた建築家たちは、まさに住むための最低限の装置を限られた材料と工具で、いかにつくるかを一生懸命に実践した世代だった。だから粗末な材料の小さな家であっても、それはとてもスピリチュアルな家であっ

一九四六年、戦争で家を焼かれ、住む家のない人々は、バスを転用して住宅とした。戦後の住宅づくりはここから始まった。

たし、おもしろい試みがたくさん考えられていた。それはとても説得力のある姿を持っていたともいえる。

僕が大学で学んだ時代は、東京オリンピックがあり、大阪万国博覧会があった頃で、日本は急激な高度成長時代を迎えていた。モノがとにかく足りないという時代はもう終わっていた。建築家のテーマもその前の時代のような切迫したものが消えていくと、それぞれの建築家の個性が前面に出てくるようになる。それはある意味で、建築が自由になったといえなくもない。しかし僕は、建築はもう少し合理的な説明が必要でないかと思っていた。

七〇年代に入ると、一九七三年十月に勃発した第四次中東戦争が引き金になって、第一次石油危機が起こる。石油の価格が高騰する。高騰するだけでなくて実際に手に入らない。ガソリンスタンドも休んでしまう。高度成長以降に、モノが枯渇することがあるということを実感として普通の人が体験したのが、石油ショックだったと思う。このとき、石油が絶たれると、僕らの暮らしも経済もまったく立ちゆかなくなるということを日本だけでなく世界中の先進国が思い知らされたのだ。

建築の勉強した人なら誰でも知っている有名な住宅作品に、フィリップ・ジョンソンが設計した「ガラスの家」という作品がある。とてもきれいな住宅だ。この住宅はニューヨーク郊外にある。東京よりもずっと寒いはずのところにあるのに、この家の壁は全面がシングルガラスなんだ。暖房をどうしているのかというと、床と天井の全面に入れた電熱線を使っているというのだ。つまりこの住宅は電力とマシンに全面的に頼っている。この住宅はお茶室みたいに使われているゲストハウスであるけれど、このパンを焼くトースターのような住宅を二四時間、三六五日暮らすための住宅と考えてはいけないということをそのとき僕は思ったし、マシンに頼ることの危うさをとても考えた。

石油危機の起こった一九七三年に、アメリカの建築家であるＡ・バウエンという人が、

池辺陽設計による「立体最小限住宅」（一九五〇年）

増沢洵設計による自邸（一九五二年）

パッシブ・アンド・ローエナジーという建築運動を提唱している。[11] 石油や電気を湯水のごとく使って暑さや寒さを押さえ込むのではなく、太陽やその他の自然エネルギーを上手に使った建築を考えていこうとする運動だ。熱的に性能のいい住むための箱をつくり、地域の気候を上手に利用しながらなるべくマシンに頼らない、あるいは小さなマシンで済ませようとする建築の考え方がパッシブ・デザインだ。それ以来、こうしたパッシブ・デザインの考え方が、世界中の建築に少しずつ浸透していくようになる。そして一九八〇年以降の地球温暖化をはじめとする地球環境問題によって、石油などの資源エネルギーだけに依存した建築の考え方は、根本的に変化を余儀なくされていくようになる。

僕は地球環境問題は、僕たちの時代が持っているとても重要な建築の設計条件だと考えるようになった。地球資源の石油や天然ガスは、僕たちの暮らしになくてはならないものだけれど、だからこそなるべく少なく使う知恵を建築も考えていかなければならない。また気が付きにくいとても大きなものとして排熱の問題がある。石油で電気をつくっても、実際に電気になり利用されるのは三割程度で、残りは排熱、つまり無駄となって海や大気に放出されてしまっている。僕たちは自分が実際に使った分の何倍かの消費をしていることになる。そしてもう一つは使う温度の問題だ。電力を使うと千数百度という高温もつくり出せる。だけど僕たちが住宅の暖房で必要とする温度は、たかだか二〇℃ほどのものだ。体温よりずっと低い温度で実際は十分なんだ。それならば、いつも地球に降り注いでいる太陽エネルギーを一時的に利用させてもらうのが、いちばん問題がないのではないか。これなら降り注ぐエネルギーを少し迂回して使うだけだから無駄な排熱は考えなくていい、と僕らは仲間とソーラー研究会をはじめた。そのソーラー研究会の中心に、僕の大学時代の恩師でもある奥村昭雄先生[12]がいた。今から二〇年近く前のことだ。

✦11
一九七三年、フロリダ大学教授、A・バウエンは、「どんなに大容量のエアコンを使ったところで太陽に比べたらエネルギー量でかなうわけがない。石油を使って暑さや寒さを力まかせに抑え込むのは、自然と喧嘩するようなものだ。必要なのは太陽や風や木陰がもつ心地よさを活用できる建物の仕組みなのだ」と主張した。

✦12
建築家。木曽三岳奥村設計所主宰。東京芸術大学名誉教授。主な作品にNCRビル、愛知県立芸術大学、星野山荘、新田体育館、阿品土谷病院、金山中学校、関西学研都市展示館など。

OMソーラーのこと

ソーラー研究会がはじまる以前にも、僕は太陽熱利用を試していた。その頃の僕は、太陽の熱を水を使って集めることを考えたり、実際の設計で採り入れたりしていた。よく屋根にお風呂のお湯をつくるタンクを載せている家を見かけるけれど、あれと同じやり方の少し大掛かりなものだ。水はとても効率のいい熱の搬送媒体なんだ。しかしなかなかうまくいかなかった。水は冬は凍るし、夏はオーバーヒートする。水が通るパイプが夏と冬の間に伸びたり縮んだり、とても過酷な状態にあるものだから、よく故障もした。水漏れは修理が大変だし、家も被害を被《こうむ》る。一滴も水を漏らさないようにするのは、とても難しいことだ。

ソーラー研究会では、当初から水の代わりに空気で熱を搬送することを試みていた。空気ならばパイプの中で凍ることもないし、漏れたところで水漏れのような心配はない。研究会をはじめた頃の僕たちのアイデアは、ぬるくなった薬缶《やかん》のお湯をもう一度暖めるみたいに、室内の空気を屋根板の下に入れ、太陽の熱で暖め直して、また室内に戻すという考えだった。当時、僕が設計した住宅に、「逗子小坪の家」という住宅があるけれど、いつも仲間と新しいソーラーハウスを考えては試していた頃を思い出す懐かしい住宅だ。

その後、奥村先生が室内の空気を屋根に戻すのではなくて、外気を屋根に入れて暖めても到達する温度はさほど変わらないことを計算によって導き出した。冬の室内の空気は、直火の石油ストーブなどを使っていると、熱源から出る炭酸ガスや窒素酸化物でかなり汚染される。だから外気を取り入れて、室内換気をすることが不可欠だけれど、あまりたくさんの換気は室内を冷やしてしまうというジレンマにもつながっていた。暖めた外気を導入できるということは、暖房だけでなく、同時に換気もすることになる、これはとても画

逗子小坪の家（一九八四年）

期的なことだった。それがOMソーラーというソーラーシステム技術の、一つのはじまりだったと思う。

もちろん僕の家にもこのシステムが使われている。僕の家は初期のOMケース・スタディ・ハウスというべきものだ。僕の家のマシンと呼べるものがパッシブ・ソーラーシステムだ。断熱・気密性能のいい適度の蓄熱性能をもった箱を考えたら、次は投入するエネルギーが話題になる。太陽のエネルギーを屋根でもらって、それを床下に入れる。床下に入れた熱は、夜になって出てきてくれるように基礎のコンクリートに溜める。僕の家の主屋の壁がコンクリート・ブロックでできている理由を書いたけれど、同じ理由でOMソーラーではコンクリートが蓄熱量の大きいことを利用して、太陽のエネルギーを一階の床下コンクリートに溜めている。

軒先から屋根の鉄板の下に設けた隙間に入った空気は、屋根面に降り注ぐ太陽のエネルギーをもらい暖まりながらゆっくりと上昇する。屋根のいちばん高い部分（棟という）に上がってきた空気が設定した温度に達していると、センサーが察知し、冬の間はファンの助けを借りてダクトを通って床下の蓄熱コンクリートに蓄えられる。昼に蓄えられた熱は夜になり室温が低下してくると、床下のコンクリートから放熱して床下全体を暖め、さらに室内全体に流れ出る。夏は棟のダクトに集められた熱い空気は、排気口から外に排出される。排出される熱い空気は、お湯採り用に設けたコイルを温めて、温水をつくる。

このシステムがとてもいいのは、室温が建物内のあらゆる場所でほとんど変わらないことだ。厳寒期でも暖房機が置かれた場所に人が固まらずに、家の中が広々と活動的に使える。ストーブ暖房の場合を考えると、ストーブの近くはものすごく暑くて近寄れないほどなのに、窓際は寒く、暖かい空気はみんな二階に上がってしまうということが起こりうる。このシステムはそういうことがない。熱源が室温に近くて、しかも輻射《ふくしゃ》暖房✦13だからだ。冬

✦13
どんな物体からも必ずその物体が持つ温度に応じた赤外線が出ている。それを輻射熱という。冬の外気がどんなに冷たくても、ひなたぼっこが暖かいのは太陽の輻射熱のせいだ。輻射熱を利用した暖房が輻射暖房である。壁や床を暖めて、その表面から放出される輻射熱を利用する。エアコンやストーブは空気を暖める暖房法だから暖められた空気が対流し、室内に不快な温度差をつくってしまう。また室内の換気をすれば、当然室温を下げてしまうことになる。輻射暖房にはそのようなことがない。

冬モード（集熱時）

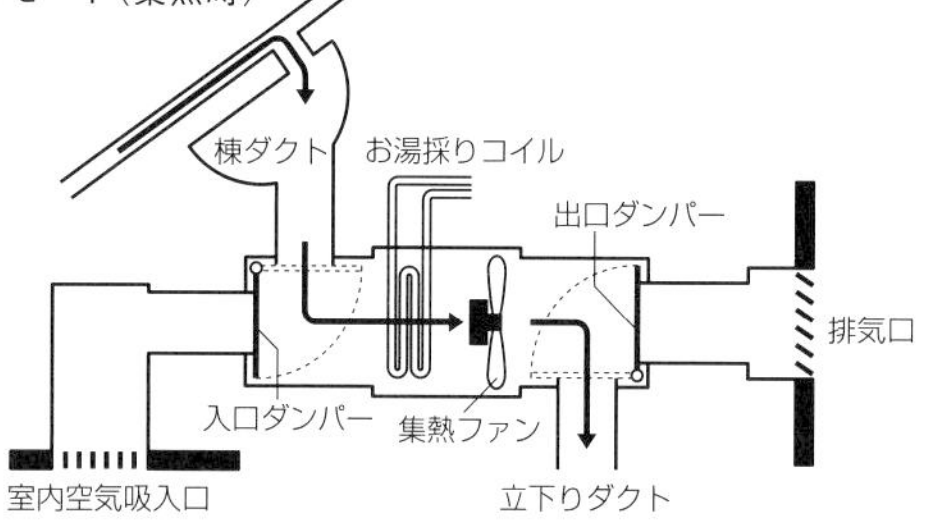

冬モード（非集熱時）

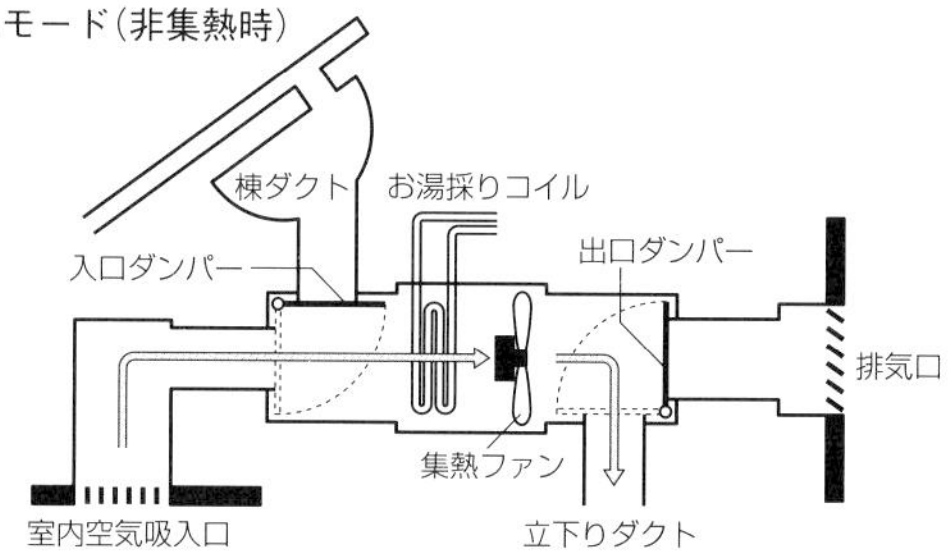

夏モード（集熱時）

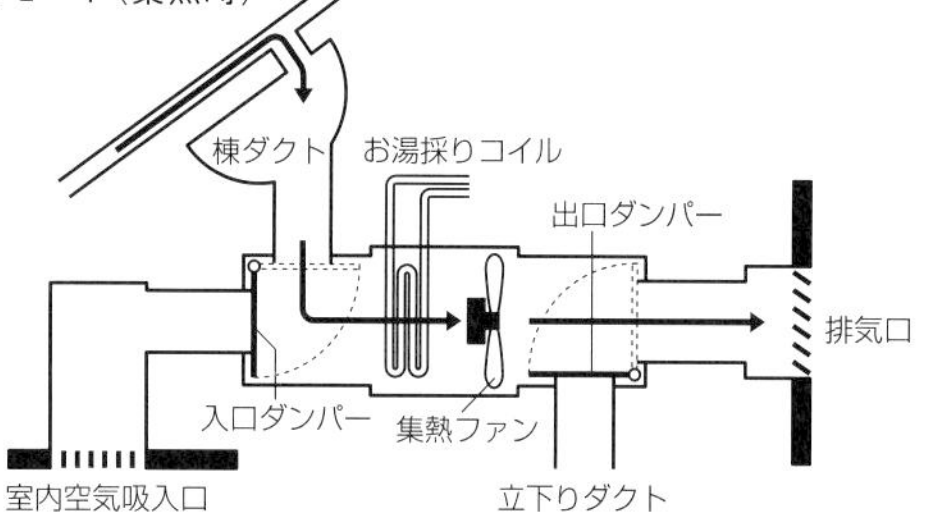

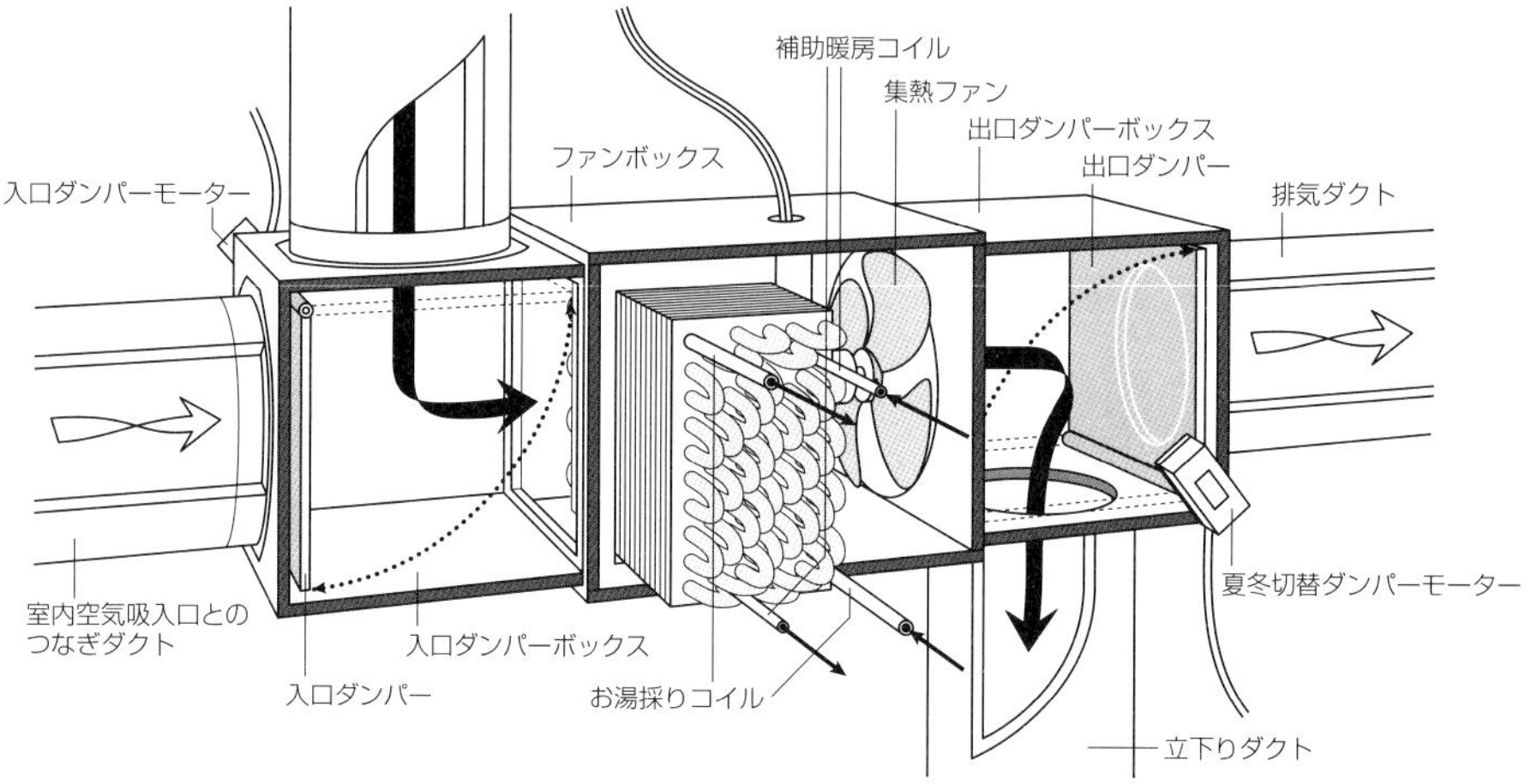

OM ハンドリングボックスの構造

OM ソーラーシステムの心臓と呼べる部分が、OM ハンドリングボックスである。屋根で集熱した暖かい空気を棟ダクトから吸引し、暖房期には床下の蓄熱層に輸送し、非暖房期にはお湯をつくった後に屋外に排出している。これらの切り替えは室内や棟ダクトに取り付けられた温度センサーによって自動制御されている。

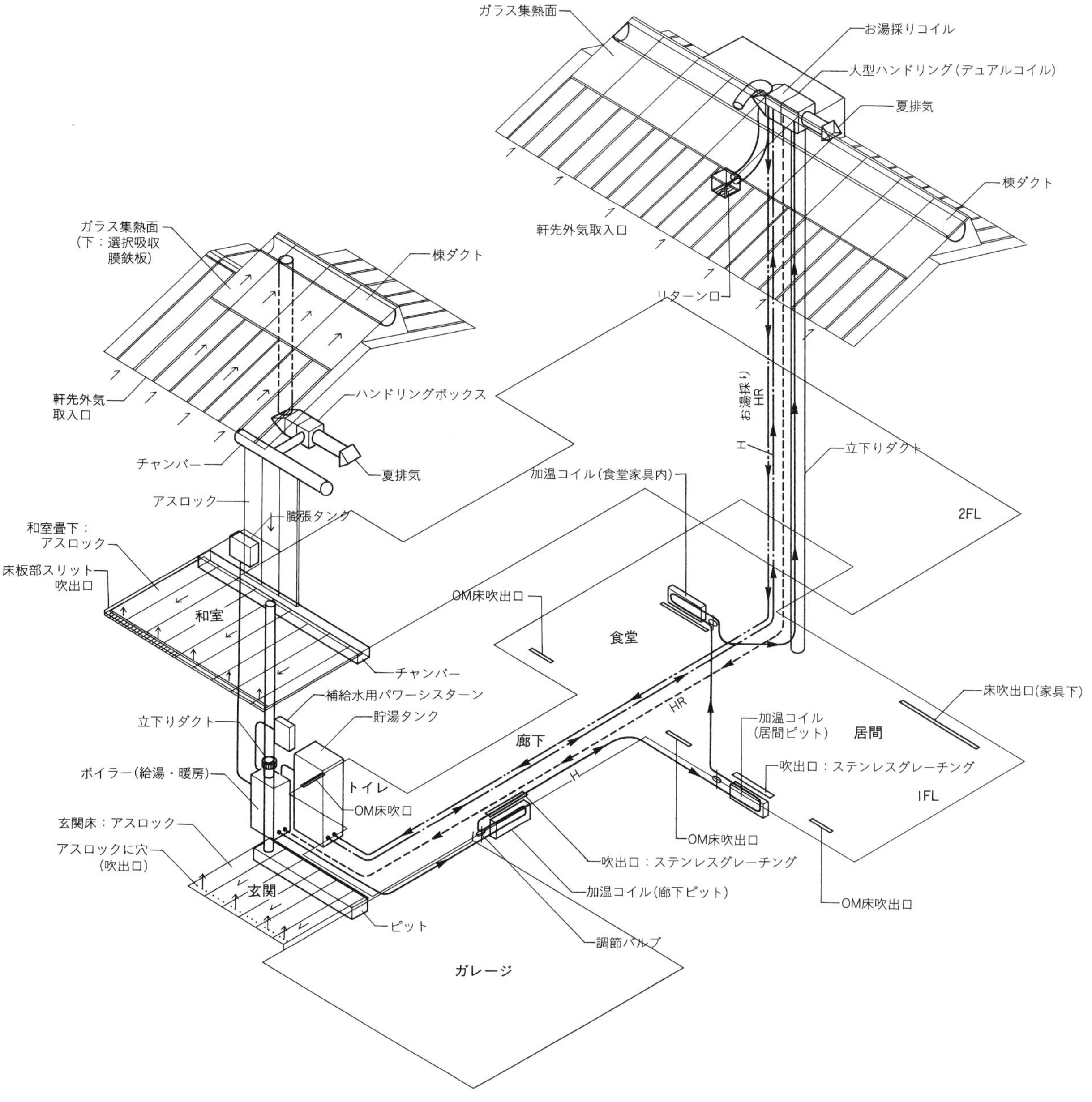

「相模原の家」のOMソーラーシステム

僕の家ではOMソーラーシステムを二系統に分けている。一つは居間、食堂部分であり、もう一つは玄関と二階の和室部分である。玄関と二階和室部分では、中空層のある軽量コンクリート（アスロック）をダクトと蓄熱体を兼ねて利用している。図が複雑に見えるのは、OMソーラーシステムの吹出口下に加温コイルが取り付けられているからである。これは厳冬期の補助暖房用に開発されたもので、実験を兼ねて最も早く採用した。

の日のひなたぼっこの暖かさにとてもよく似た気持ちのいい暖房方法だ。

僕の家では主屋の棟と南側の棟の二系統に分けて、このシステムを使っている。太陽の出ない日やとても寒い夜間のための補助暖房として、床下に加温コイルを設けるという試みもやっている。

この家に住んで一〇年近くが経つが、実感するのは小屋裏の換気の大切さだ。特にOMソーラーは小屋裏に集熱ダクトを設けているから、一般の家よりもさらに重要になるのかもしれない。僕の家はシェルターをできるだけ小さくしようと考えたために、小屋裏があまりない。それで夏は少し暑い。夏の対策のためには小屋裏の温度を少なくとも外気と同じぐらいにしておきたい。これはこれからの課題でもあると考えている。

家のかたちと暮らしのかたち

これまで僕の家についてシェルターとマシンという面から話をしてきた。今度は僕の家を家族の暮らし方という面から話そうと思う。家のプランニングの話だ。これはそれぞれの部屋やスペースが、一つの住宅の中でどう辻褄《つじつま》を合わせて構成されているかという話だ。ルイス・カーン[14]という建築家がいた。この人が建築のプランを考えるときに、「サービス・スペース」と「サーブド・スペース」といういい方をしていた。これはとてもプランの考え方をうまく整理する一つの方法だと思う。サービスをするスペースとサービスを受けるスペースという意味だ。リビングルームやダイニングルームなどはサービスを受けるスペースであって、それをサポートするキッチンやユーティリティ、またトイレ、バスルーム、ガレージなどがサービスをするスペースといえると思う。

また住まいの各部屋は、当然ながらそこを誰と誰が使うことを想定しているかによって

[14] アメリカの近代建築家（一九〇一―一九七四）。独自の建築哲学による表現豊かな空間と明快な造形で知られ、母校ペンシルヴェニア大学で教鞭を執った。主な作品にペンシルヴェニア大学医学部リチャーズ研究所、イェール大学美術館、キンベル美術館、ダッカの国会議事堂など。

性格を異にする。寝室は夫婦の占有、子供部屋は子供のものだ。しかしリビングルームには友人も来るだろうし、玄関にはセールスマン、宅配便のドライバーも来る。つまり寝室、個室、特にトイレやバスルームはごくプライベートなスペース、玄関、リビングルーム、ダイニングルームなどは住まいの中では比較的パブリックなスペースといえるだろう。

そういうものをどのように適切に構成するか、ちょっと難しくいうと、空間の序列（ヒエラルキー）をどう考えるかということは、住宅に限らず建築のプランニングをするうえで、大切なことだ。

例えば、よく見かける悪い例として、玄関の横にトイレやバスルームがあって、その横の廊下がリビングルームにつながっているとか、リビングルームを横断しないと、バスルームから寝室に行くことができないなどという間取りがある。こういう場合、玄関に他人が入り込んでいると、その間トイレやバスルームから出てこられなかったり、客が帰るまでバスルームが使えないということになりかねない。そんなことは実際にはまれであったとしても、そうした不安を感じさせるプランということになる。サービス・スペースとサーブド・スペースの関係をうまく考えなかった例だし、ヒエラルキーを無視した計画といえるのだろう。

もちろん実際の計画において、住まいはいつもそうした定石のとおりにいくものではない。定石を知って、それを破ってみて、なお有効なプランも当然ある。それは住み手の住まい方の個性、敷地の個性を深く読み込むことにより発見でき、建築家がいかに柔軟な思考を持っているかによることかもしれない。

僕の家の場合を平面図（六〇〜六三頁）を見ながら紹介しよう。敷地の真ん中の梅檀の木を見渡す位置にリビングルームがある。リビングルームの奥がリビングと一体のダイニング、これをサポートするようにキッチンがあって、キッチンの裏にユーティリティのスペースがある。

ユーティリティには洗濯流しと洗濯機、台所の冷蔵庫より長く貯蔵されるもの用の冷凍庫、それに物入れ用のスチール・ラックがある。ここには缶詰、乾物、野菜、洗剤などのほか裏庭の農作業用の鍬《くわ》やスコップ、はさみ、蚊取り線香までがしまってある。ほかにも裏から出るとき用の履物入れ、猫のお便所などが置いてある。ここからは裏庭の菜園や洗濯干し場、もう一つのドアからは裏の道路に出られるようになっている。生活協同組合からの宅配は裏の道路側からやってきて、荷物は勝手口の庇《ひさし》の下に置かれる。裏庭にはコンポストが埋まっている。生ゴミはここで処理される。コンポストは重要なサービス・スペースだ。コンポストがあると、紙類やペットボトルなどほとんどのものはリサイクルされるから一部のビニールの類《たぐい》以外は、ほとんどゴミが出ない。キッチンの裏側のサービス・スペースがある程度あって、そこが何とかなっているので、キッチンをあまり散らかさないで済んでいるようだ。

もう一つのサービススペースとして、大きめのガレージが役に立っている。車のほかに自転車がここの常連、集積所が前の道にあるため古新聞や空き瓶、空き缶の類はここに一時保管されている。僕は週末にグループでお米をつくっている、かなり本格的な日曜農民だ。そのための装備、長靴、衣類など、大型の庭仕事用の道具などの置き場所にもガレージはなっている。

生活するということは、いかに多くの装備がいるものかと思う。韓国などではマンションにもキムチを漬け込むための多用途室があるという話を以前に聞いたことがある。日本の家でも表のスペースとそれをサポートするための裏方のスペースとの関係、その流れを考えてプランニングすることが大切だ。

平面図を見ると気が付くと思うけれど、寝室は二階で、バスルームも二階にある。どこ

ダイニングから勝手口方向を見る。

キッチン

の家でもそうだと思うけれど、寝室でパジャマを用意して、それを持ってバスルームに行き、お風呂に入って、パジャマに着替えて戻ってくるということを家族は毎日繰り返している。そういう意味では、寝室の近くにバスルームがあるほうが便利だし、二階にプライベートな部分が集まっているほうが具合がいい。リビングルームにお客が来ていることもあるからだ。

この家にはほとんど間仕切壁というものはない。厚さ一五〜一八ミリ程度のランバーコアという一種の合板でつくられた家具で仕切られているだけだ。二階の夫婦の寝室内のクローゼットも家具のように置いてあるだけで、子供の部屋と納戸、寝室と納戸の間にもいわゆる間仕切壁はない。子供の部屋と大人の寝室の間の、この納戸のスペースが双方の独立性を保っている。間取りの改変はまったく自由、これは将来の様々な変化に対する対応を見越してのことである。この家が鉄骨造であって室の中ほどに一本の柱もないことが、このフレキシビリティを可能にさせている。

リビングから玄関につながる部分に階段室がある。リビングの透けた梁と同じように、軽いつくりになっていて、透過性の高い吹き抜け空間になっている。梅檀の緑がよく見え、今、新緑とともに小さな紫色の匂いのいい花が満開だ。この空間は陽がよく当たる。実はここの二階の手摺は雨の日や外出時の洗濯干し場になっている。高さがあるからシーツまで干せる。透けた格子状の床（グレーチングという）とスチール製の階段だから濡れた洗濯物にも十分対応できるし、意外に視覚的にも邪魔にならない。一階からはグレーチングが視野を遮り、二階でも手摺の高さにさげられたものは視覚を塞《ふさ》がないからのようだ。共働きが普通になった今、サービス・スペースをいかにきちんととるかということは、快適な生活のための最重要課題かもしれない。

二階にバスルームを設けた関係で、玄関から階段のあるスペースに至る短い廊下部分の

階段室

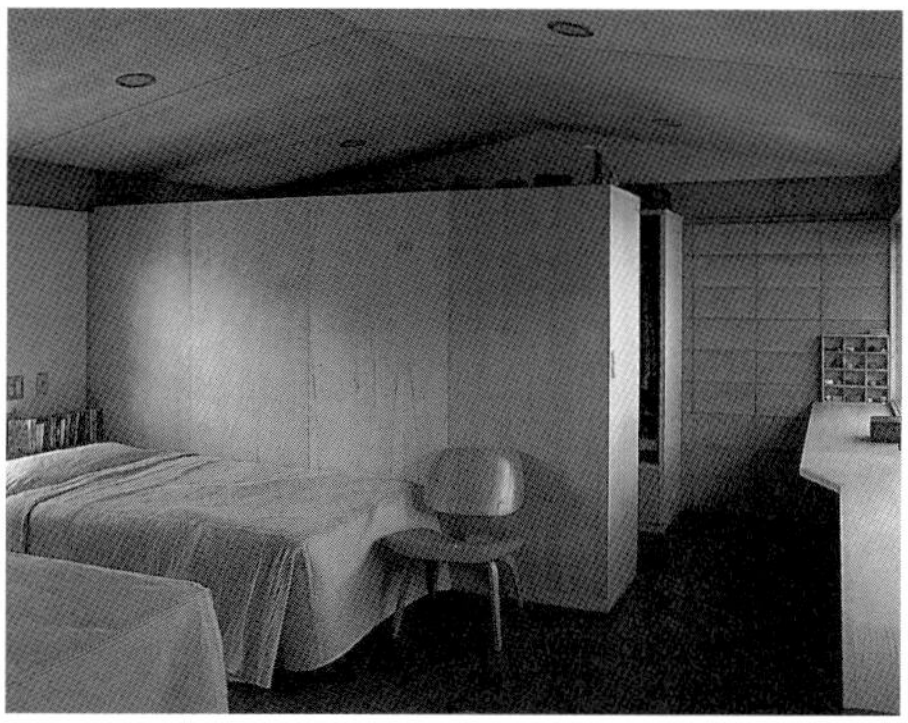
家具で仕切られた寝室と納戸

1階平面図　S=1：80

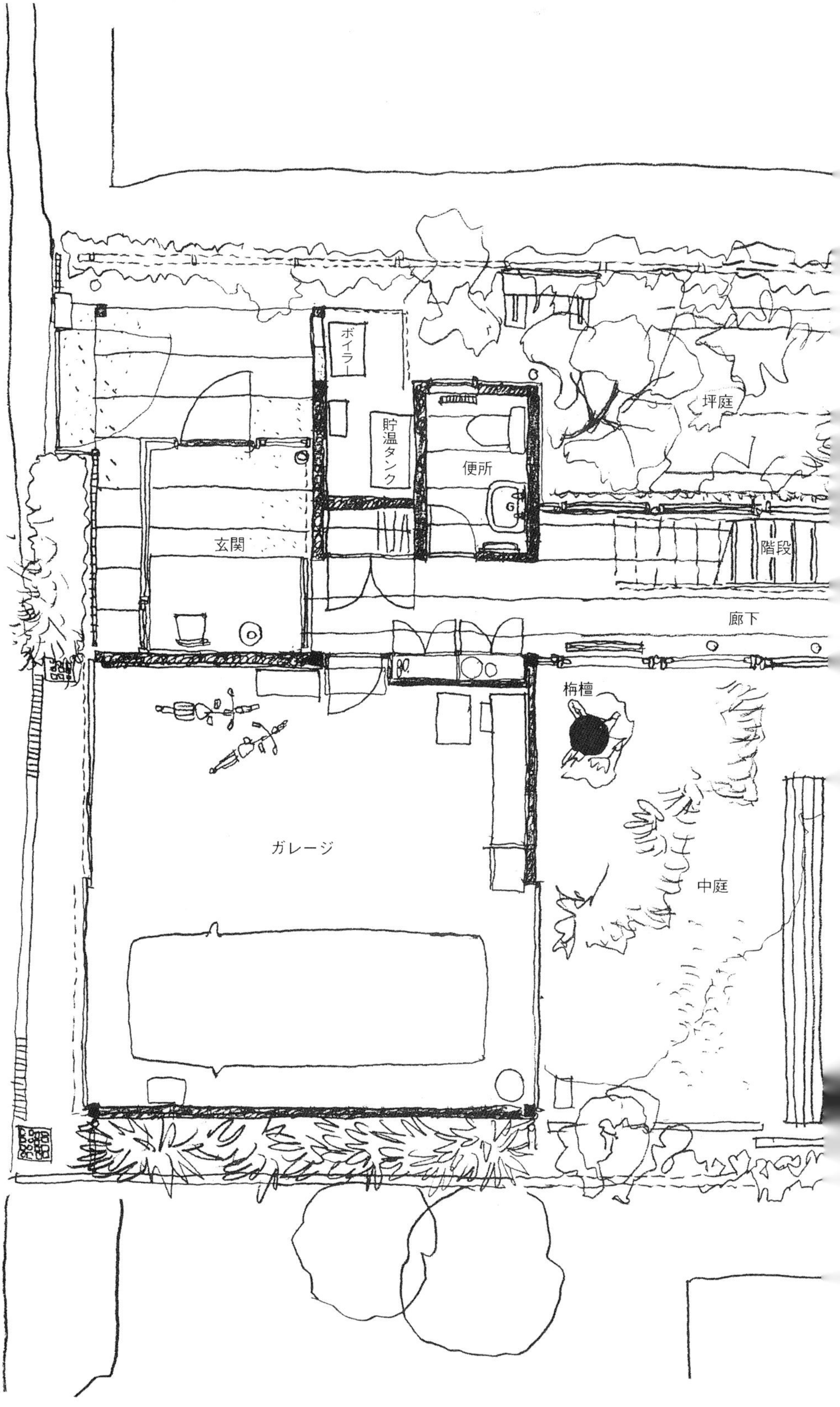
ボイラー
貯温タンク
坪庭
便所
階段
玄関
廊下
梅檀
ガレージ
中庭

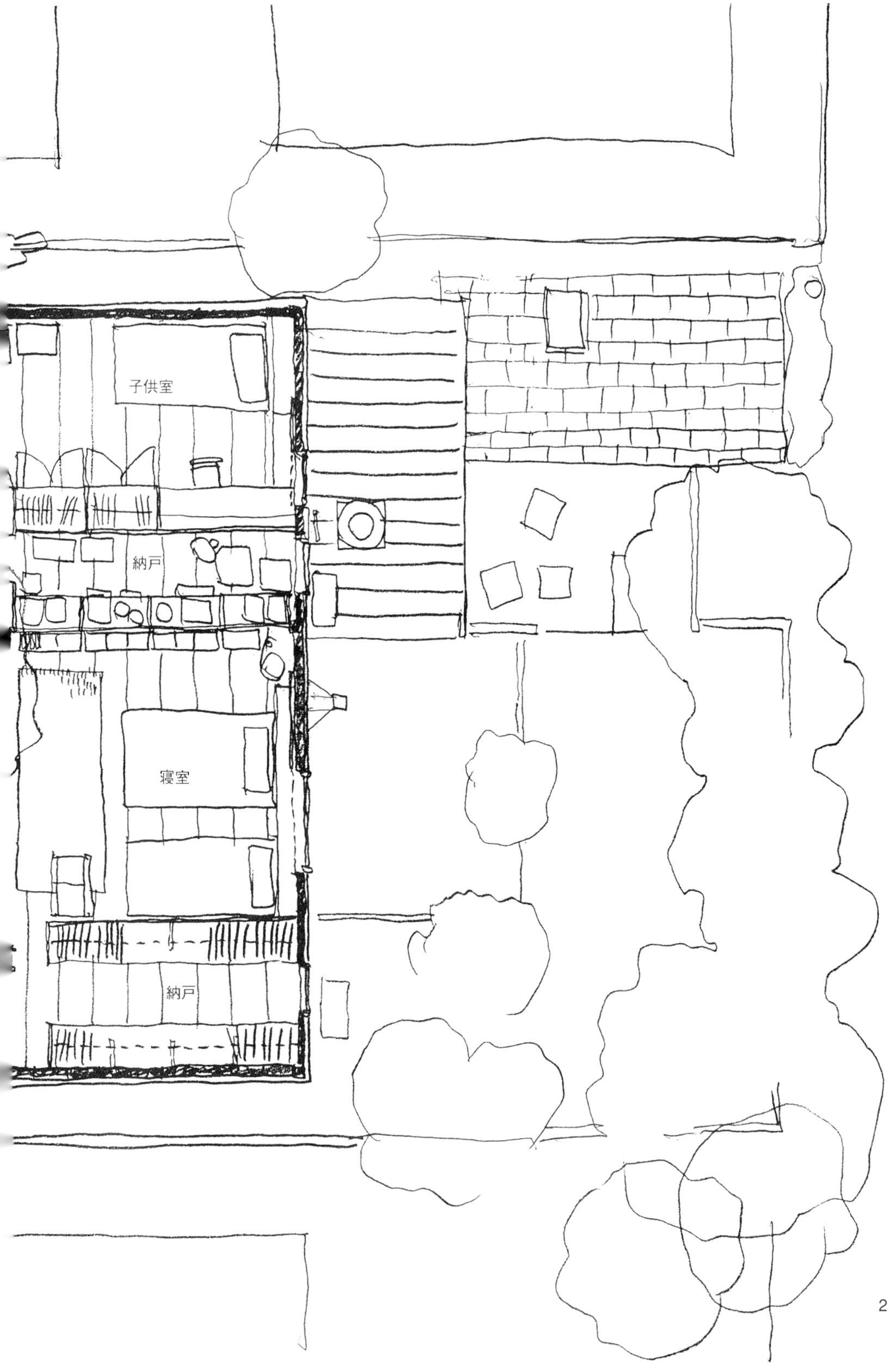

2階平面図　S=1：80

予備室
浴室
押入
階段
廊下
屋上テラス

天井はかなり低いのだけれど、その向こうに吹き抜けのガラスの明るいトンネルが続いているせいか、来客はほとんどそのことに気が付かないようだ。

地下室の体験

リビングの下につくった地下室は書斎に使われている。実際にそれを使ってみて、なるほどと思うことは、やはり温度のことだ。ここは三分の二ほどしか地面の下に埋まっていないのに、室温は実に安定している。

冬は暖房なしでも暖かいし、五月から八月の半ば頃までは、居間から降りていくと実にひんやり感じる。地下への階段を下りるとき、少しずつそろそろとプールに足から入るように涼しさを感じるのだ。それが九月に入ると、少し暑く感じる時期が短い間だがある。気温と地面の温度とは当然ずれている。日射が大地に蓄熱されるということは、そういうことだと気付く。夏至をはさむ時期がいちばん日射量が多いのはいうまでもない。しかし僕たちが夏と感じるのは、それより大分ずれた七月末から八月だ。大地の蓄熱、熱容積がそうさせるのだろう。地熱、太陽熱などの自然のエネルギーを使うパッシブな住まいは、いろんな体験をさせてもくれる。

日本の夏は高温多湿である。温度が高いうえに湿度も高いということは、室内の熱的な環境をコントロールするうえでいちばん難しいのかもしれないと思う。夏の涼しい地下室に飽和水蒸気量に近い湿度の空気が入り込むと、必ず結露が起こる。従来の地下室はそれを恐れて地下室の外側を二重にし、内壁の外部側で結露させるように考えている。しかし、そうすると大地の熱容積の恩恵を直接受けることが少なくならざるを得ない。

僕の家の場合は、地面の熱容量の恩恵をできるだけ体験することが目的だったし、余計なコストをかけたくもなかったから地下室の壁は二重にしていない。その代わり、一万円

夫婦の仕事部屋として使われている地下室

断面図　S=1：160

地階平面図　S=1：160

ほどで買った除湿機に、梅雨時と夏の間働いてもらっている。結露の問題はこれによって十分に解決している。僕は地下室の使い方として、そのほうが利口だと思っている。

開口部の多い明るい地上の住まいと、小さいがコンクリートの箱のような地下室、このように異なった質の空間が住まいにあるのはとても助かる。生活の行為を瞬時に変えようとしたりするとき、例えば、くつろいでテレビを見ていたのをやめて、ちょっとした仕事を片付けたり、難しいめんどうな本を読もうとしたりするとき、こうしたまったく違う質の場があることはとてもありがたい。SOHOなどといって自宅に家庭の枠を超えるものが入り込みつつある。そんな状況にもこうした環境はとてもいいのかもしれないと思う。

オープンな建材を使う

僕の家は、格好も色もおとなしい。屋根の高さも低く抑えているし、外壁の色はグレーである。それでも周囲の家並みと少し違った印象を受けるとすれば、それは使われている建材のせいだろう。僕が使いたいと思う建材は、できるだけオープンな建材だ。オープンな建材というのは、「商品としての建材」からなるべく遠い建材といい換えてもいい。

建材メーカーの分厚いカタログには、非常に癖の強い建材ばかりが載っていて、僕には決してスタンダードなものには思えない。日本の住宅地の印象を決めているのは、この「商品としての建材」だという気がしている。現在はどの住宅もレンガや石の表情を模したサイディングが流行で、町並みの印象を決めている。建材がまさにファッションのようになっているのが、日本の住宅の現状だ。こういう建材はある期間に限ればタフな材料であっても、実はメンテナンスがとてもしにくいもののように思う。それに一〇年経って修理しようとしたとき、同じ建材がある保証はない。

以前、不動産鑑定士とある家の鑑定に立ち会ったことがあるけれど、鑑定士が家を見ると、使っている建材でその家がいつ頃建てられたものかが判断できてしまう。そのくらいはやり廃《すた》りの早いものなのだ。それでは落ち着いた町並みが形成されるはずがないと僕は考える。

そうした建材ではなく、使用する側の意図によって自由に使うことができ、使い方が限定されない建材を使いたかった。だからといって限られた職人さんによってしか使いまわしのできない高価な建材を選ぶこともしたくなかった。どこにでもあり、どのようにでも自由に使える、使う側の使いまわしのアイデアが発揮できる建材が、僕にとっての理想の建材なのだけれど、日本ではそうしたオープンな建材は脇に押しやられている気がする。僕が使った建材は合板、ランバーコア、布、コンクリート・ブロック、グレーチングなどだ。それらを少し紹介しよう。

床や間仕切り壁、建具の多くは、ランバーコアという家具の下地などに使う一種の合板でつくってある。ランバーコアは高価な材料ではない。この家ではこの材料が活躍している。幅六〇センチ長さ四メートルの板をそのまま床に張ってある。普通のフローリングは細かい継ぎ目がいっぱいあるけれど、ここでは端から端まで一枚の板で継ぎ目はなく、それだけでいえば昔の豪勢な普請《ふしん》のけやきの一枚板のようでもある。ランバーコアの表面は拭き漆という方法で仕上げてある。ランバーコアが少し柔らかい材料なので、漆がいいのではないかと考えた。一〇年そのままにしているけれど心配したほどの損傷はなく、漆もいい色になってきた。

寝室と納戸、そして子供の部屋の壁、建具のほとんどもランバーコアでできている。普通一〇センチほどになる壁厚が、その一〇分の一で収まってしまう。納戸の実際の広さが二〇センチ近く広がることになるし、改修のときにも実に簡単な工事で済む。あちこちの

ランバーコアに拭き漆で仕上げた床と
OMソーラーの床吹出口

建具、寝室のクローゼット、居間の家具なども同様の素材でつくってある。居間の家具はちょっとおもしろい試みをしている。ここの引き違い扉は、六ミリの一枚のベニヤ板に反らないように引き手を付けただけのものだ。これも実に快調に用をこなしている。扉二枚の厚みが占める容積は知れたものだが、余計な資源や手間をかけた仕事をしないで、従来のものと同様の用をこなすことを思いつくことは、設計の楽しみの一つである。

プラスチックのグレーチングも僕の家で多用した素材である。グレーチングというのは格子状やすのこ状になった床板のことだ。階段のあるつなぎのスペースの二階床、玄関の目隠しスクリーン、ガレージ上のテラスの床、庇の支えなど、あちこちにこのグレーチングを使用している。支持するための金物のデザインなど楽しい工夫のあったところである。これらは基本的にどれも着脱可能で、メンテナンスのときや模様替えに対応できるように考えてある。

ちょっと本気で心配しながら試みたのが居間の天井のキャンバスだ。天井は配線のやり替えなどなにかの折に、外れるほうが便利である。最初、布でできないだろうかと考えたが、こうした唐突なアイデアは実際誰がつくってくれるかが実に重要な問題となる。誰がつくるか、それがどんなふうにできるかということと大きく関係してくるのだ。一般の建設業の中に、そうしたことができそうな職人は見あたらなかった。悩んだ末、僕は画材店に問い合わせ、何とか製作を依頼することができた。だからこの天井の素材と納まりは、実は油絵用のキャンバスそのものなのである。

当時の図面を見ると、このキャンバスの縁には引っ張り用の金物が記入してある。大きいキャンバスを水平に吊ると歪むのではないか、あるいはたるまないだろうかという危惧が最後まであって、たくさんの金物を用意し対応しようと考えたのだ。この心配は実際にはまったくの杞憂《きゆう》だった。前例のないものを考え出すのはなかなか楽ではない。

合板一枚でつくられたキャビネットの扉

グレーチングを用いた二階階段室の床

建築のあちこちを考えるとき、案外難しいのが動く部分のデザインである。実は建築家はおもしろがりつつ動く部分で何回も失敗することがある。この家では地下室への扉が動くデザインにあたる。ここでは建具が水平に閉まり上下を区画するように考えたのだが、閉めた扉は大変重く、開け閉めはそう簡単ではない。そのため、ここでは釣り合いのとれたエアダンパーを用いて簡単に解決した。開いているときには扉とスチールのパイプでつくったパーツが手摺になるよう設計してある。

竣工してからは特に大きな改修や模様替えをせずに過ごしてきた。唯一の例外は数年を経ずに設けた暖炉である。鉄板製の簡単なもので、断熱障子の引きこみ代の場所以外にちょうどいい場所がなく、煙突の横引きが長い暖炉になったが、何とか納めることができた。冬の夜など火の燃えるのを見るのは実にいいものだが、実はこの暖炉、極寒になると煙が幾分逆流する。煙突が少し細く、しかもそれが外部にある、横引きがあるなどいくつかの理由を考えることができる。しかし負け惜しみのようだが、逆流する煙を見ながら煙という暖かい空気の軽さと極寒の外気という重い空気を実感することも、とても大切なことだと思う。

僕の家にはこの他にもあちこちに試した工夫がある。あまりうまくいかなかったもの、思いのほかスムーズにいったものなど様々だが、建築をつくるおもしろさの主要な部分にこうした工夫があると僕は思っている。既成の建材を集めてつくるだけでは、本当の楽しみからはるかに遠いところにいることになると思うし、建築をつくりつつ多くの実感を積むことからも遠すぎると思うのである。

キャンバス天井

リビングの小さな鉄製暖炉

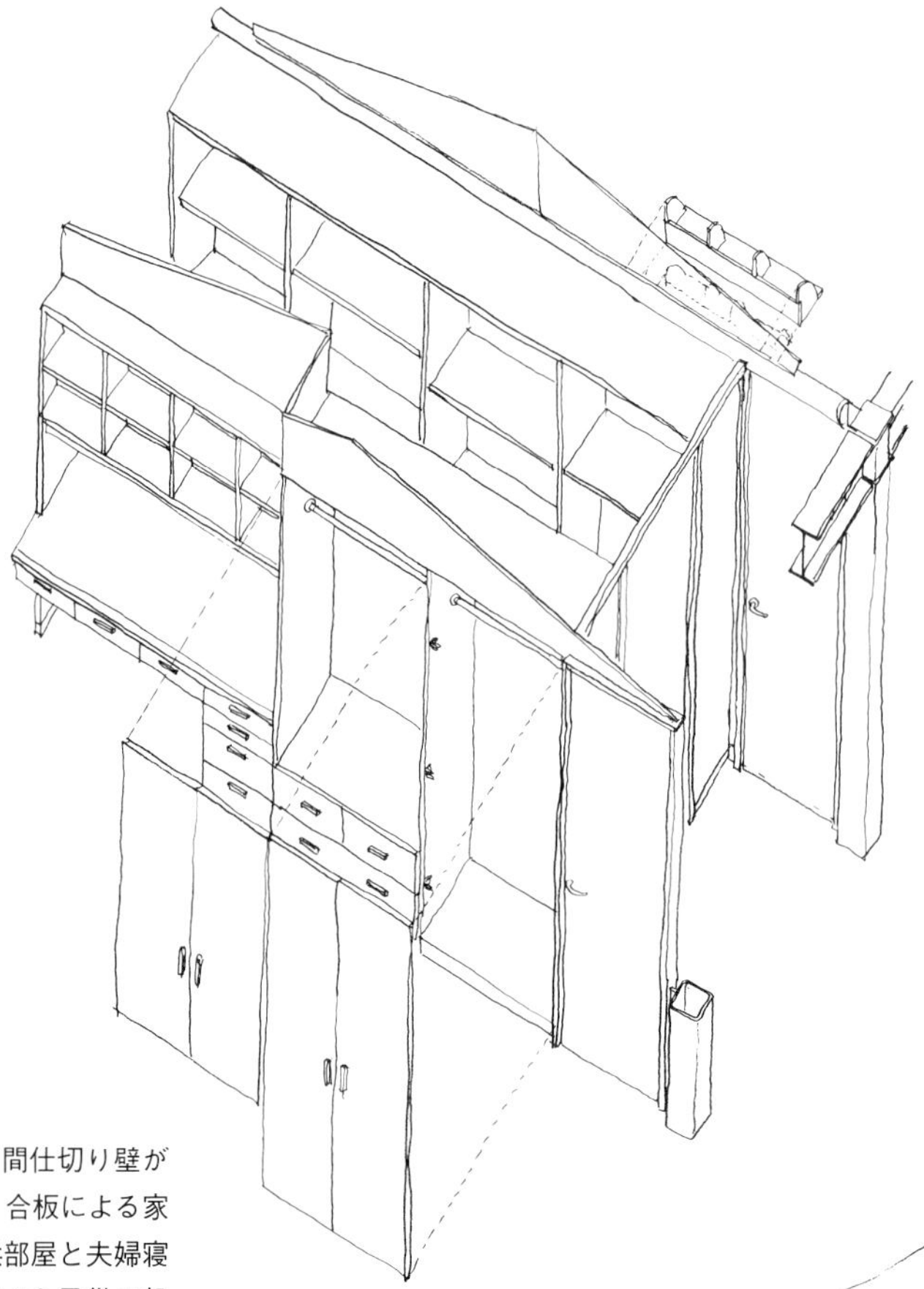

間仕切り家具

僕の家の室内にはほとんど間仕切り壁がない。空間を仕切るのは、合板による家具と建具である。図は子供部屋と夫婦寝室の境にある家具類。手前から子供の机とクローゼット、真ん中が納戸、その反対側が夫婦寝室の本箱になっている。

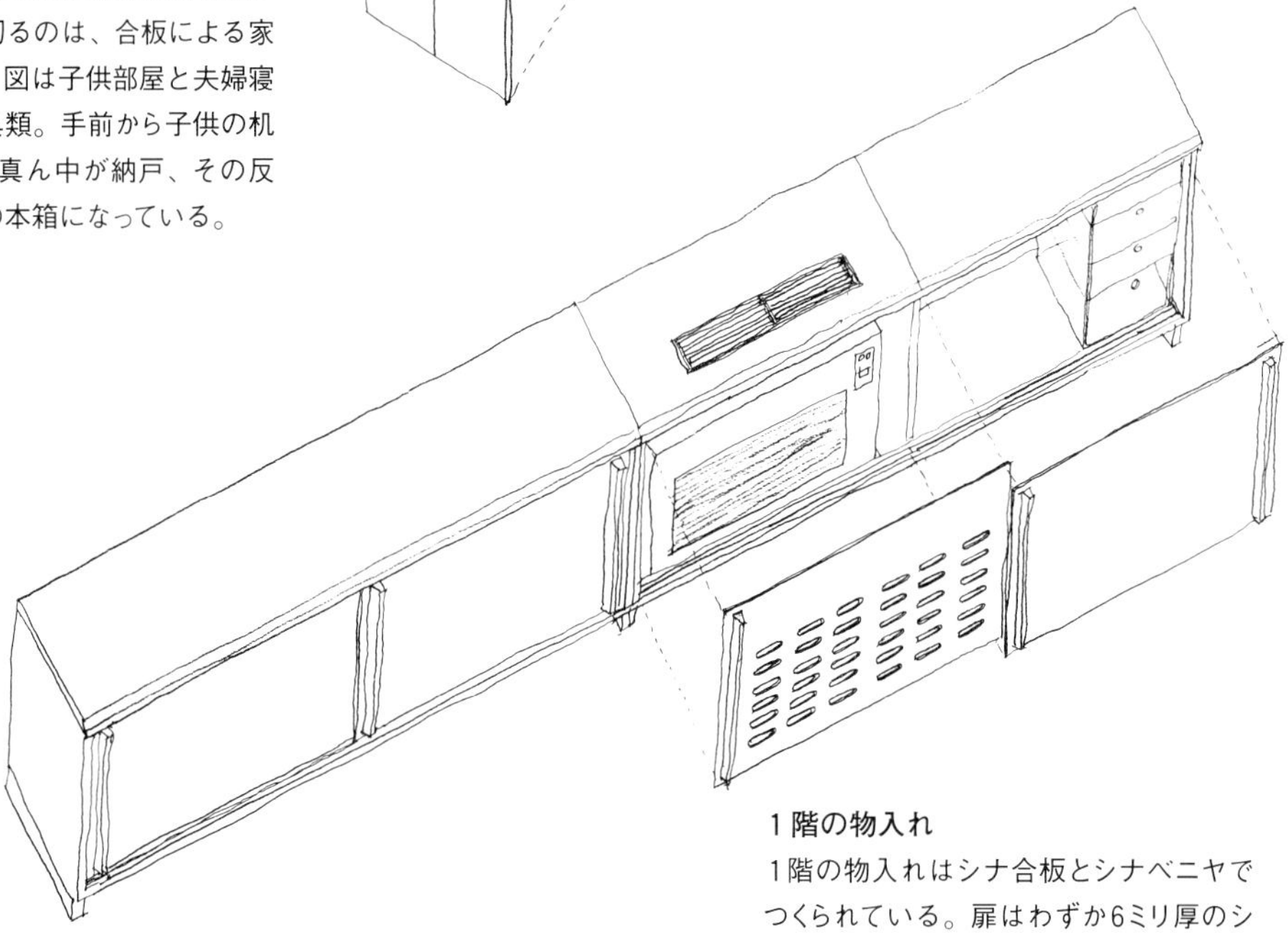

1階の物入れ

1階の物入れはシナ合板とシナベニヤでつくられている。扉はわずか6ミリ厚のシナベニヤだから軽く開けることができるのだけれど、そのままでは反ってしまう。反るのを嫌って引き手を工夫している。

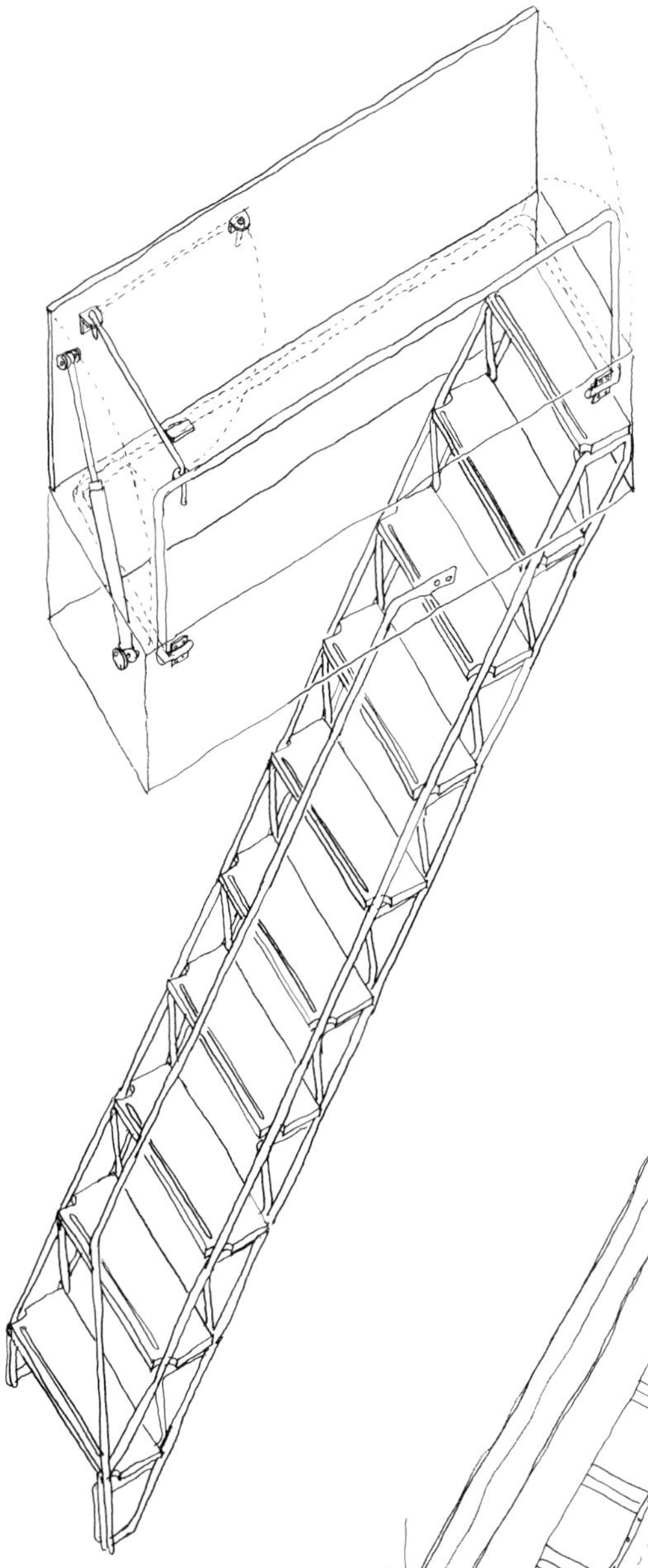

地下室のエアダンパー扉

リビングから地下室に降りるところに床扉がある。床扉は開閉時にその重量が難点である。その問題をエアダンパーを利用することで解決した。エアダンパーは自動車のハッチバックなどで活躍する既成部品である。おかげで非常に軽く開けられ、軽飛行機のタラップを降りるように地下室に潜り込むことができる。

キャンバス天井

所々にハブマイヤートラスの通る広いリビングの天井面をソフトに覆っているのは、油絵に使うキャンバスである。このキャンバスは画材屋に特注して張ってもらったものを吊ってある。鉄、コンクリート・ブロック、木部との素材の相性はすこぶるいい。オープンな部材を探すおもしろさがここにある。

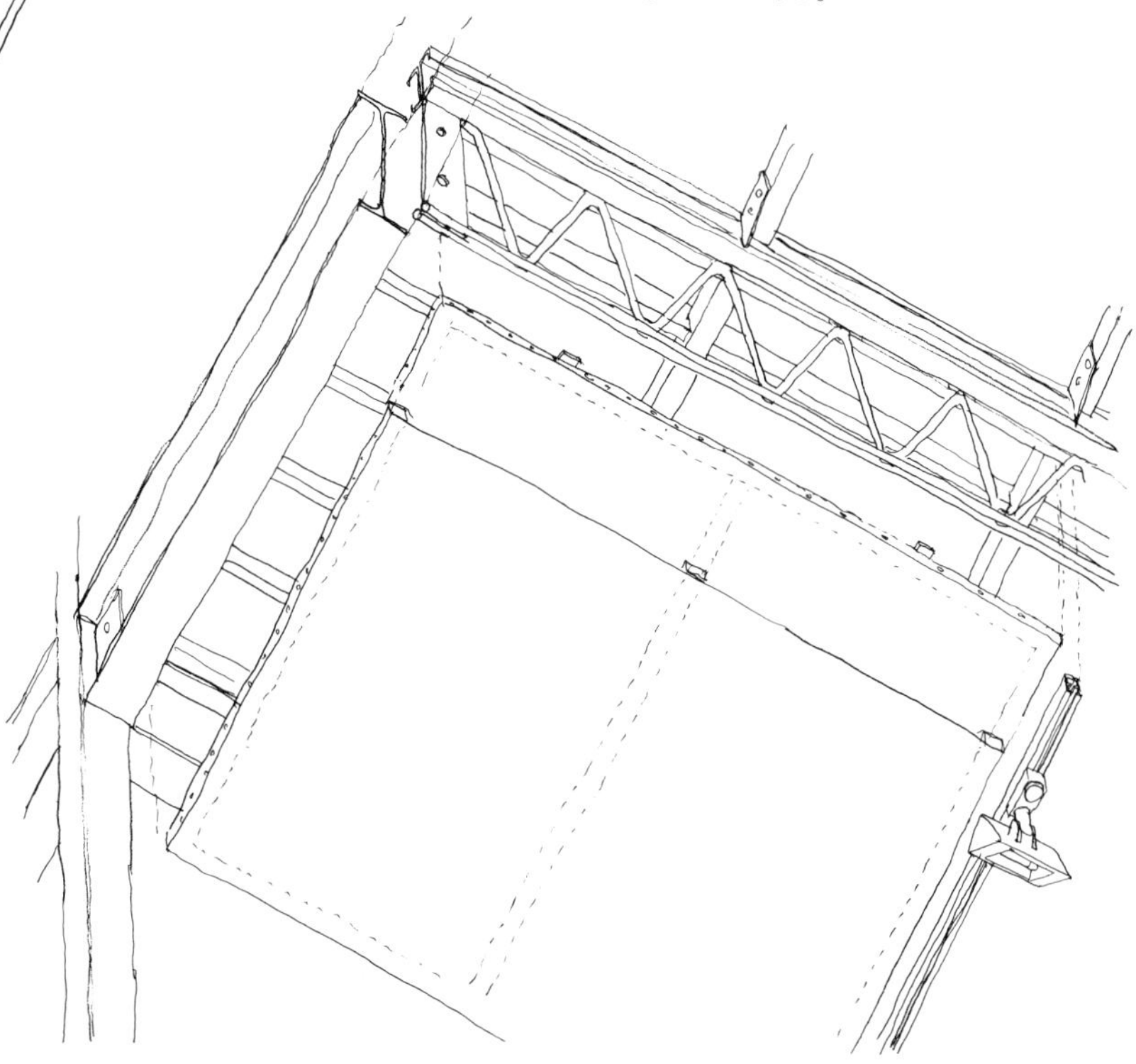

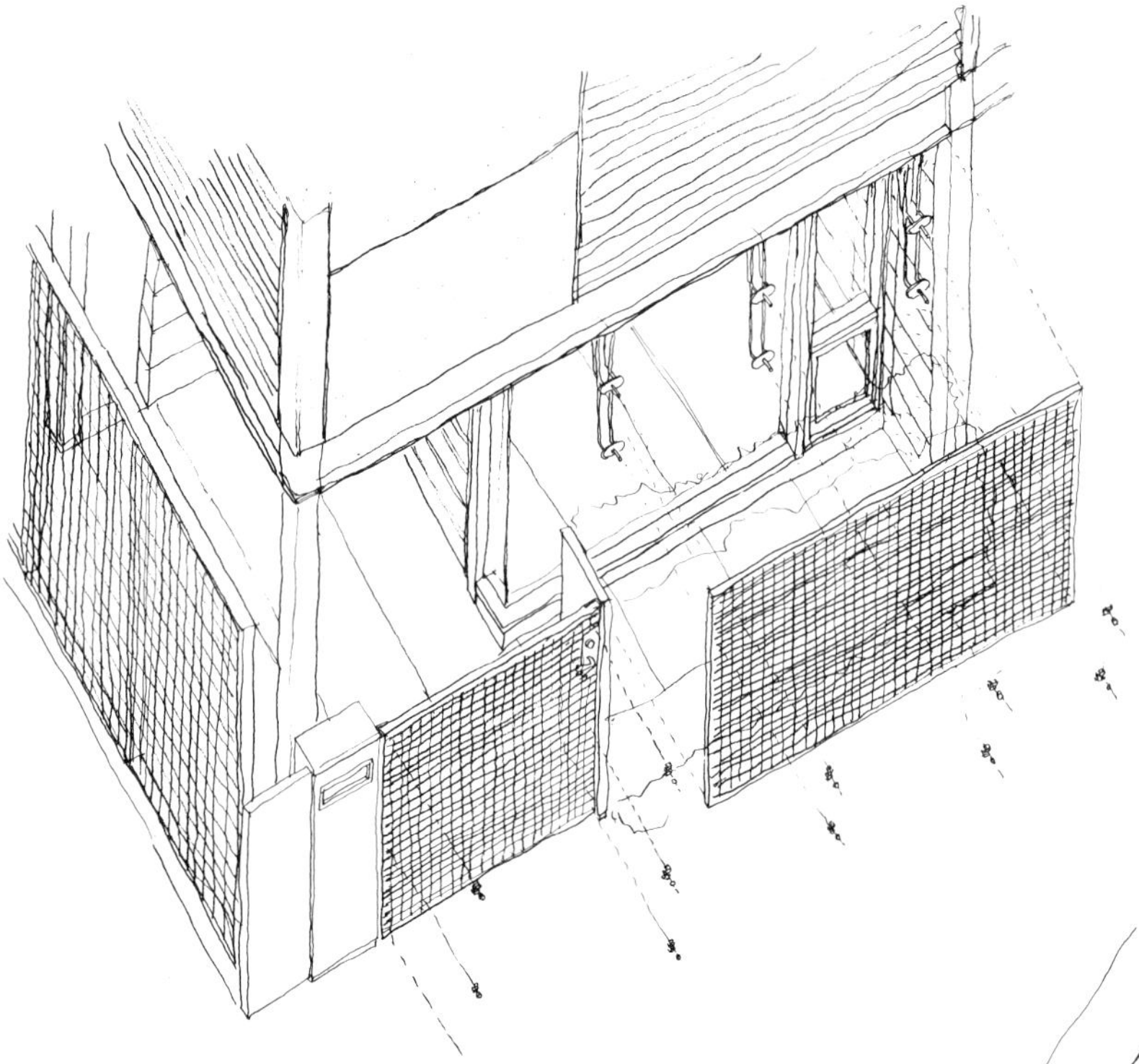

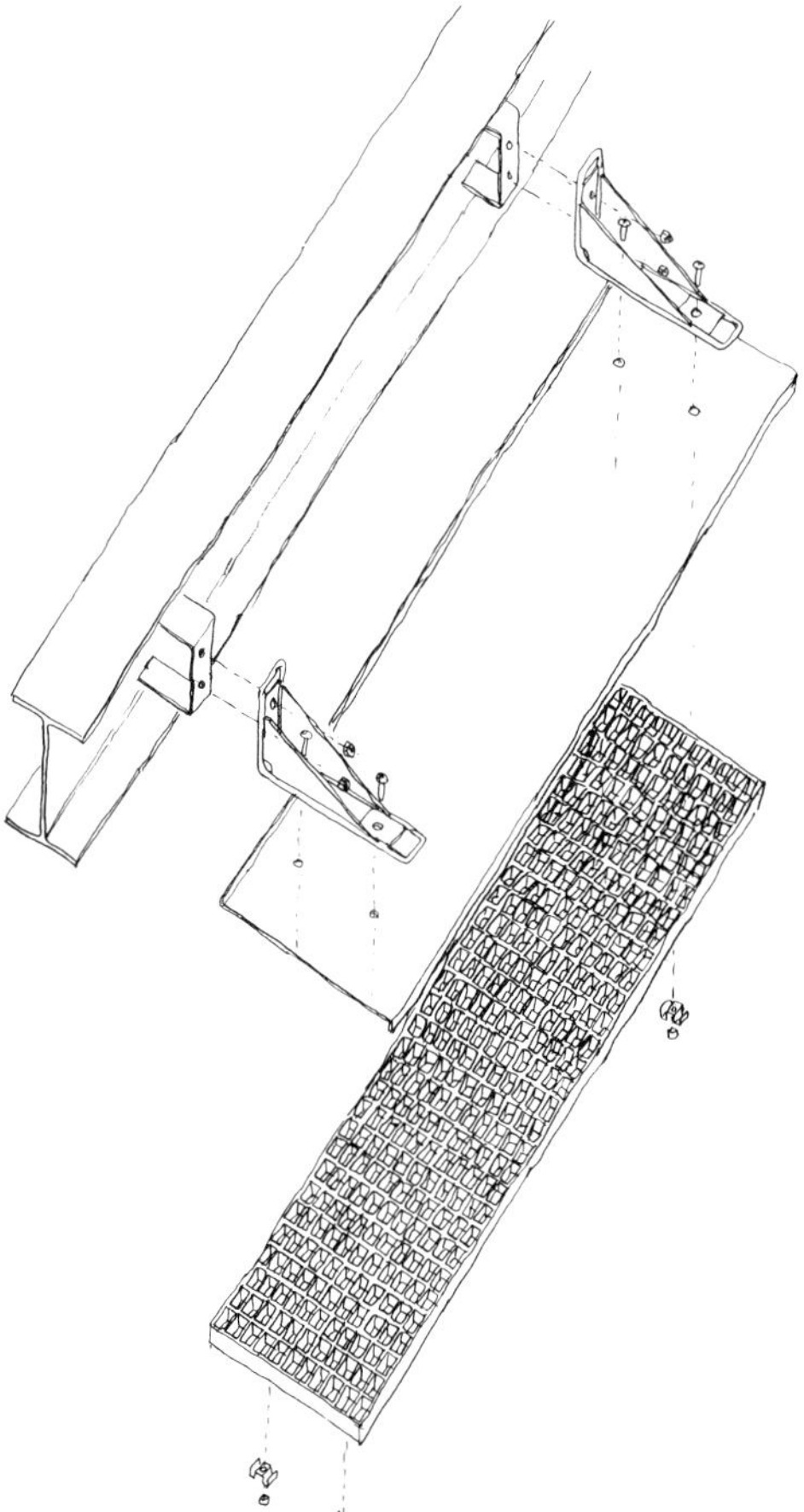

門扉とスクリーン

門扉は住宅既成部品の代表格である。しかし、僕の家では使用していない。玄関の面格子と門扉に用いられているのは、化学薬品工場で床に敷くプラスチック製のグレーチング（格子状の板）である。これを固定用アタッチメントを改良したり、丁番を付けたりして利用している。

グレーチングと
ポリカーボネートによる窓庇

プラスチック製のグレーチングにルーバーとしての日除け効果を期待し、また光を通すポリカーボネートには雨よけを期待して使ってみた。ポリカーボネートはガラスの200倍の衝撃強度を有する素材であり、端部の曲げ加工も用意である。

「現場小屋」が見た夢

■■イームズハウス

チャールズ・イームズ[1]には「ハウス」という一六ミリ短編映画がある。それは彼のその他の興味深い短編、例えば「独楽」「おもちゃの汽車」などと一緒にレーザーディスクに納められているから、目に触れたことのある方も少なくないと思う。

僕自身は学生時代に建築の友人とではなく、グラフィックデザインやインダストリアルデザイン、それに陶芸などの伝統的な工芸を学ぶ友人たちとこの映画を見たときのことを、今も鮮烈に覚えている。

イームズが自宅をつくってから五年を経て製作されたその映画は、その「五年後のハウス」を写した多数のスライド、つまり静止画が次々に現れるものだ。もともとは、プロジェクターによるプレゼンテーションであったものを映画に移し替えたものであるのかもしれない。ここに現れるたくさんの図像から、僕たちが得るこの「ハウス」の印象は、とても新鮮なものであり、その手法も僕たちが知っている「建築」のプレゼンテーションとはかなり違うものだ。

ここには「窓」、「トラス」、「階段」、「床」、「壁」、「テラス」といった「建築」にかかわるパーツが当然登場する。しかし、それ以上

✦1
アメリカの建築家、家具デザイナー（一九〇七―一九七八）。ハーマンミラー家具会社のデザイナーとして成形合板、パイプ、グラスファイバー、アルミニウムなど新しい素材と構造による新しいデザインを生み出し、ニューヨーク近代美術館の家具展でイームズチェアの名を広めた。玩具、映画など多分野でも活躍した。

イームズハウス室内

イームズハウス外観

に、「樹木」、「おもちゃ」、「貝殻」、「海」、「花」、「草」、「ガラス器」、「布」、「椅子」、「照明器具」といった多くの「コレクション」や周辺の「自然」、「道具」や「民具」が次々と現れて消えていくのだ。そしてその中では「作品としての住宅」は、ごく小さな比重を占めているにすぎない。

しかし、イームズハウスは、戦後の住宅史の中で、ごく小さな比重を占めるにすぎないものではもちろんない。それどころか、ごく重要な、ひょっとしたら最も重要な位置を持つものであるといえるかもしれない。

この住宅について少し細かく見ることにしよう。

カリフォルニアの暖かな地の太平洋を見渡す斜面に等高線に沿い、鉄骨造のごく軽量の間口約一五メートル、奥行き六メートル、高さ五メートルほどの「ハウス」、そして同じ奥行きで間口が一〇メートルほどの「スタジオ」が並んで建っている。勾配は西から東に下るので、二つの建物はほぼ東向きに建っているといえる。

イームズは「ハウス」の間口を八ベイ（一ベイは二メートル一五センチほどで、そのうちの南の一ベイはテラス）、スタジオを五ベイ（約一〇・七五メートル）、二つの建物の間の中庭を四ベイ（約八・六メートル）として計画している。図面から大まかに建坪を算出すると、「ハウス」が九一・八平方メートル、「スタジオ」が六五・六平方メートル、そしてそのうち二階のありそうな部分を想定して延床面積を出すと、「ハウス」は一四四平方メートル、「スタジオ」は九二平方メートルほどのものであることがわかる。日本風に換算すると、「ハウス」は四三・七坪だから、約五〇年前のアメリカの三人家族の住宅としてはけっして大きなものではなく、むしろコンパクトといってよいものであることに気が付くだろう。

ちなみに使用された鉄骨量一一・五トンを延床面積で割ってみると、〇・〇四八トンとなり、一平方メートル当たりの鉄骨量は四八キロという超軽量。すべての建方は一日半で終わったということだ。

西面を切り取った高さ二・四メートルのコンクリートの擁壁に守られた、ごく軽量なこの建築は、一九四九年にイームズ夫妻によって、自らの住宅として建設された。

H形鋼、ハブマイヤートラス、デッキプレ

✦2
一八八六年、ミネソタの鉄道の駅長だったシアーズが新聞広告による時計の販売をはじめたのをきっかけに、カタログによる貴金属の販売を思いつき、これが通信販売の草分けとなった。扱う品目は次第に乳母車、家具、楽器、ミシンなど多岐にわたり、木版印刷のカタログは五〇〇ページを超えるものとなり、一九〇〇年代前半の安価な郵便小包制度が開始されるとその売り上げは五倍にも伸び、シアーズローバック社は爆発的な成長を遂げて、一九六〇年代には、ついに世界最大の小売業者となった。

ート、ブレースによる架構、戦争中開発されたという工場用サッシなど、いってみれば工場建築のようなボキャブラリーによるそれは、しかしきわめて注意深い選定と構成により少しもラフではなく、むしろなじみのよいヒューマンなスケールをここに現出させているといえる。

そして、それは「工業化」が人々に夢を与えるものであった時代の、ある不思議な豊かさとでもいったらいいものであり、それ自身は当時の多くの建築――日本の建築を含めて――が共有していた「精神」そのものともいえるように思う。

その精神とは何であったのだろう。端的にいえば、それは最小限といっていい素材に現れる質実な精神、そしてそれへの自信だったのではないか。逆説のようだが、「工業化」が新しい多様性を保証することへの確信にほかならなかったのではないかと僕は考える。当時、工業化は「オープン化」、つまり多様な選択がどこにいても可能であり、それによって多彩な可能性が保証されるという夢でもあった。

イームズハウスはそうした考え方の典型としてインパクトを持った。だからこの家は、シアーズローバック[✦2]やスイーツのカタログによって選定されたコンポーネントであるかのようにもいわれたのである。

裏話をすれば、実際にはイームズの事務所のスタッフによるまったくの手づくりの作業によって、サッシなどのコンポーネントは調整され現場に持ち込まれるという作業を伴ったものであったことは、今となっては明らかなのだが……。

建築家の自邸というものは、どうしてかどれも自前の建設の臭いがするものである。僕はこの裏話からこの建築の建設が、実体としてもセルフビルドそのものであったことを思い、そのことをおもしろいと思うのだ。

この住宅についてもう一つ知っておいていただきたいことがある。実はこの住宅は雑誌『アーツ・アンド・アーキテクチュア』の編集長、ジョン・エンテンザのもくろんだケース・スタディ・ハウスの第八号として建てられたものなのだ[✦3]。戦後初の建築をめぐるムーブメントといってもよいそれが、メディアの企画によっていたことも、今日から見ると示唆に富む出来事であったと思う。

✦3
『アーツ・アンド・アーキテクチュア』誌の編集長だったジョン・エンテンザは戦後のアメリカ家族にふさわしい戸建住宅のあり方を模索するため「ケース・スタディ・ハウス」という試みを企画した。これは一人か二人の子どものいる核家族を対象とし、その住宅を気鋭の建築家にデザインしてもらうという企画である。希望者がエンテンザの用意したリストの中から建築家を選び、建材メーカーが必要な資材を提供、住宅は完成後一定期間をオープンハウスとして公開するという類を見ない画期的な試みで、リチャード・ノイトラ、イームズ夫妻、エーロ・サーリネンなどの名だたる建築家が良質な小住宅を生み出した。

カリフォルニアのあるアメリカ西海岸は、東岸に比べ新興の気風に富み、しかも冬も暖かい気候に恵まれている。ニューヨーク、ボストンの一月の平均気温は零度以下だが、サンフランシスコは約一〇℃もある。イームズハウスも暖炉をのぞいては何の暖房装置もなしで済ませている。「暖房は？」と聞かれたイームズが、自分の着ていたセーターを指したとの逸話が伝えられているくらいだ。

この住宅は夫妻にとって愛用のセーターのように長く使い続ける「ハウス」となった。映画に映し出されたたくさんのものたちは、ここに「家族」が「生活」していることの証であったのだ。

イームズの「ハウス」は、一見ほかのモダンデザインと同様の、鉄とガラスによる住宅のように見えるかもしれない。奇しくもイームズハウスの竣工の年、一九四九年には東側のニューカナンにフィリップ・ジョンソンによる「ガラスの家」が竣工している。人の居住を前提としない「モダンデザイン」と居住のための「ケース・スタディ・ハウス」が同じ年に竣工していること。一方は、建築だけにその意味を認める建築家である「独身者」によって、もう一方は、家具、映画、グラフィックデザインとそのフィールドを自在に変転する、妻と娘と共同作業をする一人の市民によって――。この奇しき偶然は、その後の「建築」の方向の大きな分岐点だったのかもしれない。

■■インディゴブルーの現場小屋

「鉄による軽構造」、「セルフビルド」、「たくさんのものがある室内」は、僕に個人的な感慨を込めて、まったく別のものを思い出させる。

イームズハウスのあるパシフィックパリセードと同様に温暖な伊豆の南端の小さな谷間に住み、陶芸家として活動している友人Tは、そこに住みつく決心をした二〇年ほど前、自分で「家」をつくり始めた。

このように書き出すと、陶芸のイメージとセルフビルドのイメージ、そして伊豆の谷間のイメージが重層して、なにか稚拙な民家、またはログハウスのような素人臭い独りよがりな住まいを想像しがちだが、彼のしたことはそれとはまったく反対の方法によるセルフ

ガラスの家（一九四九年）

インディゴブルーの家

ビルドだった。

　予想外のことに、それは無料でもらい受けてきた、打ち捨てられたプレハブの「現場小屋」の軽鉄鉄骨の骨組みをスケルトンとしたものだったのだ。

　彼は三間×六間の総二階のその骨組みを被覆することに取り組み、内装に取り組んだ。そして、正確に現場小屋のプロポーションを反映し、ブレースを露出させたその外部は、インディゴブルーに塗装され、森の樹々の間から顔をのぞかせたのである。

　そして木の色にあふれたその室内には、いつも明るい日が射し込んでいた。彼自身の作品は年代ごとに注意深く収集されており、コレクションとしてその室内に置かれていたし、彼の興味を引いた小物や調度もその室内の気分を上手につくり出して、そこにはとても上等の「生活」があったのである。

　考えてみると、「現場小屋」はまさに最も軽量な鉄骨によるプレファブリケーテッド・ハウスの一典型であるといえる。オリンピックに向けての戦後の好景気の中で商品化され流通するようになるのだが、軽量形鋼六〇×三〇ミリの溝形鋼を背中合わせにした柱、溝形鋼と鉄筋によるハブマイヤートラスによる梁、鉄筋によるブレースを組み合わせたものを架構とし、ブリキと合板によるパネルを組み込むもので、今日でもほとんど変わらないかたちで流通している。

　このシステムが、先ほどのイームズハウスや広瀬鎌二のSH―1[✦4]など日本のプレファブリケーテッド・ハウスのルーツと、ごくごく近似のものであることはいうまでもないだろう。そして実は今も派手に着飾ったハウスメーカーのプレハブの中に健在なのである。

　しかし、工業化、オープン化の夢は自由度を上げる方向にはついに向かわず、各ハウスメーカーの互換性のないクローズシステムそのものとなっていくのである。

「現場小屋」はその中で、今日まで当時の精神を志高く受け伝えているものであるのかもしれない。そして僕自身による自宅は、僕自身がこうしたことになじみを深く感じることを映して、鉄骨造による軽くセルフビルドな、たくさんのコレクションのあるものとしてあるのかもしれないと、思いあたるのである。

✦4
広瀬鎌二の自邸であるSH―1は本格的な工業化住宅がはじまる前段階に当たり、四センチアングル二丁合わせの柱、七・五センチのチャンネルによる桁など、市場寸法と耐力の極限のすりあわせが行われている。こうした試みは工業化への基本的な条件設定と考えられる。

SH―1

第2章

住宅を考えることはおもしろい

敷地が住宅の個性をつくる

これまで自分の家のことを中心に話をしてきた。これからは僕の家を離れて、もう少し一般的に住宅について考えてみたい。これまで話してきたことをもう一度整理することになるのかもしれない。

建築を考えるということは、どうしたってそこに土地があってその土地の上に家が建つということが大きな前提になっている。だからその場所の個性というか、場所の特徴というものが、家のデザインや性格を大きく決めていくことになる。個人にとって家をつくるということ、それは周りの人にとっては、敷地や周辺に新しい環境ができていくということでもある。マンション問題、日照権問題などの大きい紛争になるようなことでなくとも、家が建つこと、あるいは今まであった家が別のものに置き代わるということは、おおげさにいえば社会の一大事といえるはずだ。

日本の二〇世紀後半のここ五〇年を「戦後」という。今となっては戦前を知る人、戦前を大人として過ごした人がほんの少しになってしまった。僕自身ももちろん戦前を知らないし、今、生きている日本人の経験した社会は、ほとんど戦後社会のみとなりつつあるといってもいいのかもしれない。その五〇年の間に、いつの間にか住宅はきわめて短い寿命のものになってしまい、敷地は細かく分割されて、狭い敷地に小さな住宅が建っているのが今日の風景だ。こうした風景が不思議でなく、まちとはこういうものだと思ってしまう。それ以外の選択肢を思い付かないのが現状かもしれない。こうした状況でこそ、周辺を見渡しながら周辺を思って建築を考えることが必要だと僕は思う。

敷地は本来一つひとつが違っていて個性的なはずだ。そして敷地の個性は、建築の個性の出発点であるはずである。どうして敷地が斜面のとき、そのままそれを利用して住宅を建てないのだろう。そう考えてみると郊外の団地などで見られる宅地造成という盛大な土いじりが常識になったのも戦後のことであり、均一のプレハブ住宅がこうした敷地とぴったりあった住宅だったことに気付く。多少お金がかかっても雛壇《ひなだん》のように造成すると、狭い敷地にもたくさんの家が建つ。私たちの常識は無意識のうちに不動産屋のもくろみのとおりに進んでいったようだ。

本当のところをいえば、戸建て住宅（独立住宅）がほどよく建つにはそこそこの敷地の広さが必要で、隣の家の気配が感じられたり、中がのぞけてしまうということは困ったことのはずだ。豊かな国の貧しい住環境のなぞを解く鍵は、高い土地価格と住宅の個人所有だろうが、地代が高いのはたぶん自然の摂理によるものではなく、人の都合によっていることはまちがいがない。もっと豊かさを共有できる合理的な仕組みがあったのではないかと思うのだ。アメリカのある州では、二〇〇平方メートル以下の土地には戸建て住宅の建設が許されないと聞いたことがある。それ以下だとスラム化するというのだ。そうすると日本の住宅はそのほとんどがスラム化の恐れありということになる。

さて、そのアメリカの半世紀以上以前の建築家にフランク・ロイド・ライト✦1がいる。日本にも旧帝国ホテルをはじめいくつかの作品があるし、旧首相官邸がライト様式と呼ばれるように、日本の建築家に大きな影響を与えた建築家だ。彼の住宅は、それ以前のアメリカの典型的な住宅の考え方とまったく異なる生活のスタイルを提案して、新しい空間をつくり出した実に魅力的なものだ。有名な「落水荘」は川に張り出すテラスが特徴的で、もちろん敷地を平らに造成してしまって建てたものではない。

彼の設計した住宅群の中に、「プレーリーハウス」と呼ばれるスタイルのものがある。水平に長く深い軒と大きな開口部を持つこの住宅は、まさにプレーリードッグがいるよう

✦1
アメリカの建築家（一八六七—一九五九）。その土地の地形を生かし、面の巧みな結合によってユニークな空間を生み出した代表作、落水荘をはじめ、生涯一貫して有機的建築を主張し、その個性的な建築群は後世の建築家に多大な影響を与えた。日本でも旧帝国ホテルや自由学園明日館などの建築で有名。

な乾燥した地域に建っている。そんなにお金持ちではない普通の人のために考えられた住宅だ。左頁の計画は、現地にある材料をできるだけ使うという考えを徹底させているライトらしい計画案だと思う。砂漠の強風と日射を防ぐために、まずそこにある土をある程度掘る。その土を使って土手を住宅の周りにつくりながらその中に家を置く。砂漠の強い日射や風をその土手が防ぎながら、まったく建材なしでそこにある土だけで、家の大きな構造をつくるわけだ。その中に土手と連続するように屋根を載せ、日差しの穏やかな庭をつくり、室内をつくる。実現しなかった計画案ではあるが、実におもしろい提案であると思う。

砂漠とは正反対の気候に僕たちの国はある。豊かな緑の中に家が建つという場合には、その豊かな森というものが家を建てる大きな前提条件になる。一昔前の日本の民家はみんなこうした環境の中にあった。逆のいい方をすれば、その豊かな森をどうやって家の都合に合わせて考えていくかということであったのだろう。

五、六〇年前に建てられた吉田五十八[✦2]という建築家の自宅は、森に囲まれた家という敷地環境を今でも保っている。周辺の都市化がうそのような緑、懐かしい田園、日本中どこにでもあったような屋敷林、その森がつくってくれる微気候を上手に家の計画に生かして、今日の言葉でいえばパッシブ・デザインと呼べるような、足下に涼しい風を呼び込む書斎などを計画している。緑に覆われた湿気を保つ森の大気は、真夏においても周辺の砂漠のような分譲住宅地より数度は低いはずだ。

ライトのプレーリーハウスも吉田五十八邸も正反対の自然条件ではあっても豊かな自然環境に恵まれた例である。しかし敷地を読むことを徹底すると、一見それがびっくりするほど劣悪な場合においても、それを逆手に取り、計画の道具とすることだってある。

東京の中心部に建つ建築家・東孝光さんの自宅「塔の家」は、オリンピック道路が通っ

吉田五十八邸

✦2
建築家（一八九四—一九七四）。「吉田流数寄屋」「新興数寄屋」などと呼ばれる独自の近代数寄屋の創始者。主な作品に小林古径邸、吉屋信子邸、山口蓬春邸、梅原龍三郎邸、吉住小五郎邸、大阪文楽座、明治座、大和文華館、玉堂美術館、外務省飯倉公館、大阪ロイヤルホテル、成田山新勝寺などがある。

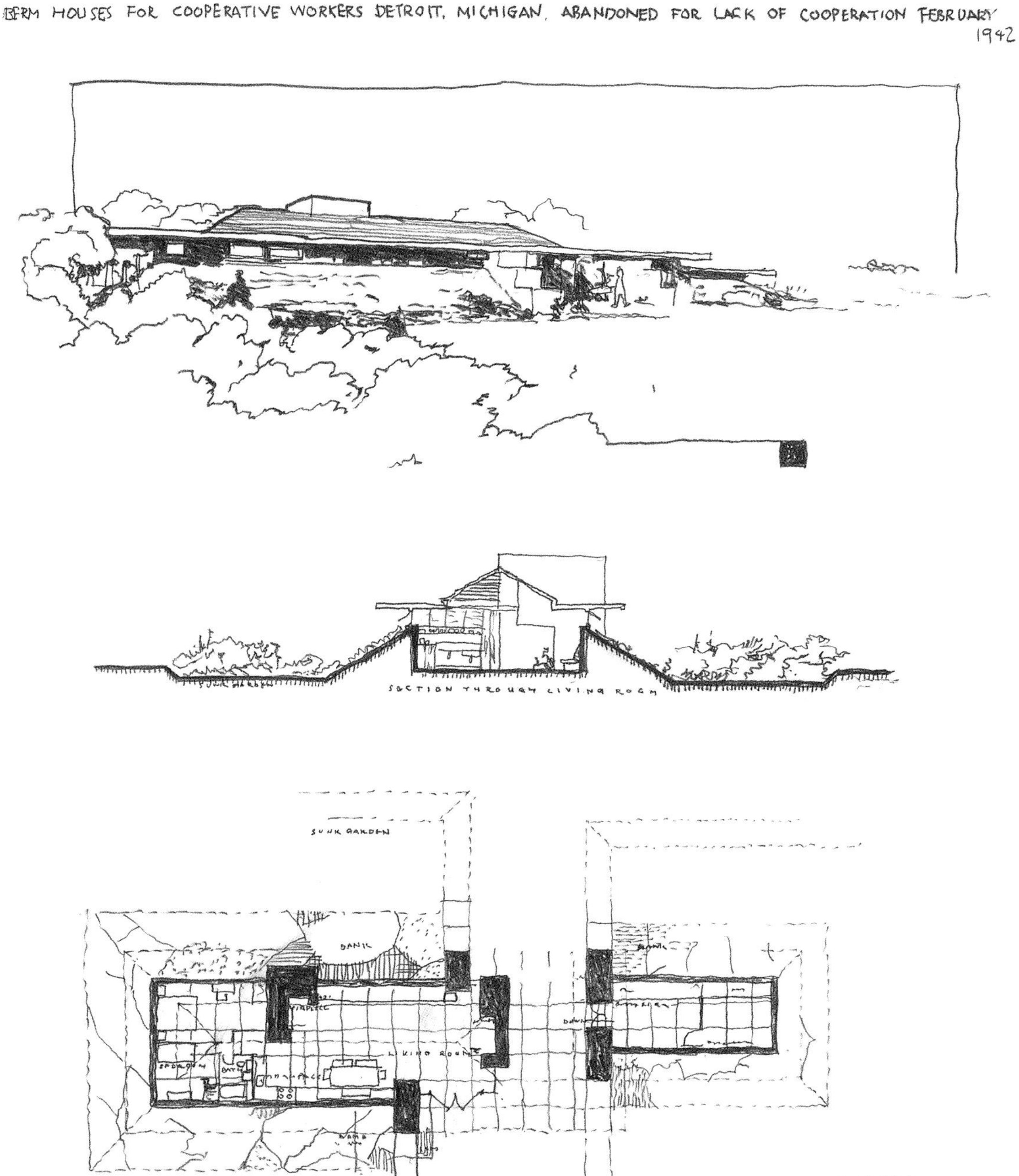

フランク・ロイド・ライトの砂漠の家

敷地の土を薄く掘り、積み上げることで、家の大きな構成をつくる。
竪穴住居と共通するとでもいえる考え方をとっている。条件を設けず
根元から考える、フランク・ロイド・ライトらしいプロジェクトだと思う。

た結果として残ったわずか六坪の敷地に建っている。六層のフロアからなる、まさに塔のような家だ。現在は周りの高層化で風景の中に埋没しているが、建設当時は周辺の低層の住宅を見下ろし、都市のストレスから身を守るとりでのように、その荒いコンクリートの表情が見えたものだ。その土地の個性を読むことによって「都市に住む」ということを強烈に表現したことで、当時の時代そのもののシンボル的な存在となった、とても有名な住宅だ。

先にも述べたが、人が考えるということはもちろんその時代の中で行われる。だからよく考えられた建築は、その時代の考え方そのものの表出でもあるのだ。

周辺環境と応答しながら

家をつくるということは、それにかかわる人々それぞれができる社会貢献というと少し大げさだが、少なくともそこに住む家族の問題として解くだけではなく、建った家が周辺とどう関係していくかというところからも考えなければならない。そうしたほうがきっと住みつづける中での快適度が違うはずだと思う。

二〇年ほど前に建てられた建築家・阿部勤さんの自邸は、緑に覆われたとっても素敵な家だ。彼の家は同じような区画の並ぶ没個性的といっていい分譲地の道路の角地に建っている。彼の家の敷地だけが角を人がショートパスできるように空き地をとってあり、そこに一本の大きな木を植えてある。同じ家が並んでいる分譲地の中に、ここにだけ道に覆い被さる大きな木が生えているのだから、近所の人が「あの大きな木のある家の何軒向こうが私の家です」といえるような一つの目印を均質な周辺の環境の中につくっていておもしろい。道路に近い部分を一部開放するようなかたちで自分の家をつくることが、周辺の魅

「塔の家」。道路拡幅で残った六坪強の敷地に東孝光が建てた自邸。

阿部勤邸

力をつくり出しているわけだ。もう少し僕たちがこうした豊かな思考を大切に考えていかなければならないと思う。

住宅をつくるとき、まず更地をつくり、そのお盆のようなところの上に、お皿のように家を置くことが習慣になっている。確かに小さい家を建てるとき、あまり傾斜のある土地に建てることは難しいし、そういう敷地には道路もつけにくい。四角く割って雛壇にしておくということが、日本のような国土の狭いところにたくさんの人が住むための条件であるのかもしれない。分譲地はその一つの典型としての風景になっている。しかし難しい条件が必ずしも悪い住宅をつくるということではなく、たとえ狭小な敷地でも、敷地にあった住宅をつくることは可能だし、それがそこに住む自分のことだけのためにつくられるのではなく、まちや周辺環境に何かしら応答をしているようにつくられていくことが、そこに住む人にとってまちを快適なものにする手だてではないだろうか。

ある敷地があり、そこに家を建て、その中にどんな室内をつくっていくかということを一般に「プランをつくる」という。プランをつくるときに、意識が家の中だけのことに集中して、家の外のことをおろそかにすると、家の外の環境が劣悪なものになってしまうことによって、実は室内にもその影響が及ぶということが当然起こる。隣の敷地にギリギリにつけた窓などは、まったく開けることのできない開かずの窓になったりする。そうした事例は現実のまちの中でいくらでも目に付くだろう。

ルビンの壺《つぼ》という図像がある。黒いところに注目すると、向かい合う二人の像に見え、中央の白い部分に注目すると、壺に見えるというものだ。かたちを持って他から浮かび上がる部分を「図」、その他の部分を「地」ということがある。ルビンの壺の絵は注目する部分によって「図」と「地」は入れ替わることを示している。家の外と中を連続したものとしてとらえるということは、言葉を換えれば家の中だけを「図」と考えずに、それを反

阿部勤邸平面図

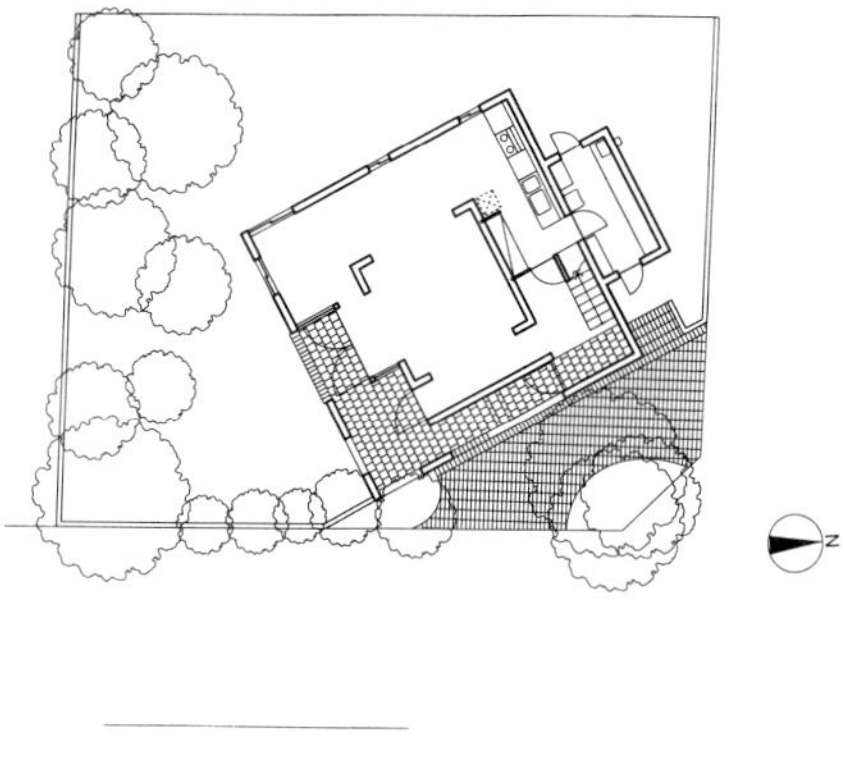

転して家の外を「図」と考え、家の中を「地」と考えて見ることも必要だということだ。いい換えるとこれはまちを考えることといえるのだろう。敷地、そして敷地の周辺の空地が、どんなかたちとしてあるのか、そこに注目してみることも敷地をうまく使うためにとても重要である。

敷地の真ん中にポツンと家を載せ、周りの空いたところが庭という、いわば「屋敷型」の家のつくり方は、敷地の広さに恵まれているような場合はともかくとして、小さな宅地では、本当のところをいえば計画に無理が出ることがあるのが現状だ。まちとの関係を考えれば狭い敷地なりの工夫が必要になる。二つの住宅が一つにつながった二戸一連棟型の住宅のように、隣家とどこか一部を共有するような住まいのかたちのほうが合理的なこともある。これは「セミリタッチドハウス」と呼ばれて、ヨーロッパではポピュラーな建て方だ。二軒の家が数十センチ離れて建つぐらいなら境の壁をくっつけたほうが、その壁は外気に面さないから温熱的にも、つまり寒さから逃れるためにも有利だし、庭も広くとれる。

イギリスの郊外の住宅を見ると、道路に面して奥行きの長い土地があって、そこに二つずつの家が壁を接して建っているのを見る。家の裏側にバックヤードがあって、そこは農園などに利用されていたりする。これがこの住宅形式の典型だ。イギリスでもこれはまだ敷地に余裕のあるいわば郊外型で、都市部に入ると両側の壁とも共壁になったタウンハウスに変わる。日本でも京都や金沢のような伝統的な町並みには屋敷型ではない町屋型（タウンハウス型）の家の建て方がある。敷地全体に家を建てて、その中に坪庭を置くというタイプの建て方だ。

住まいが相互に接しているセミリタッチドハウスやタウンハウスという建て方は、都市らしい景観をつくり、合理的でとてもおもしろいのだけれど、今日の日本のように、住宅

セミリタッチドハウス

の寿命が短く、頻繁に建て替えがされ、しかも土地の個人所有が強く意識されている社会では、なかなか受け入れられない。京都の町屋の建て替えなどを見ても、町屋を壊した後には敷地いっぱいに屋敷型の家が建てられていたりする。

日本の場合、戸建て住宅を屋敷型でつくることを仕方がないとすれば、敷地を読んだり敷地をつくったりしながら家を建てていくことが、なおさら必要になってくるといえるのではないだろうか。

小説のようにプランを読む

住宅の中には、生活をするためのいろいろな機能がつまっている。くつろぐ場所、寝る場所、食事をする場所、食事をつくる場所、働く場所など、様々ある。住宅をつくるうえで、それらの関係を上手に考えることがとても大事になる。

外と中の関係を考えながら、それぞれの機能のネットワークを考えるということになる。敷地の外との関係からはじまって、敷地の中、庭と住宅の内をつなぎ、さらに室内のネットワークをつなぐ。人が動き、流れをどうデザインするか。これを「動線」と呼んでいるけれど、動線には太いところと細いところがあるし、プライバシーの強い方向に行くもの、パブリックな方向に行くものなどいろいろある。これらも整理して考えるとプランニングを明快にすることができそうだ。

そのお手本の一つが、やはりフランク・ロイド・ライトの住宅だ。次頁に例を載せたが、彼の独特のプランは、大きい石積みの暖炉が建物の中央にあって、プライベートな個室のエリアと比較的パブリックな居間などのブロックがはっきりと分かれて配置され、キッチンが玄関の気配のわかる位置にあるなど、きわめて合理的で使い勝手のいいものだ。そし

町屋の平面

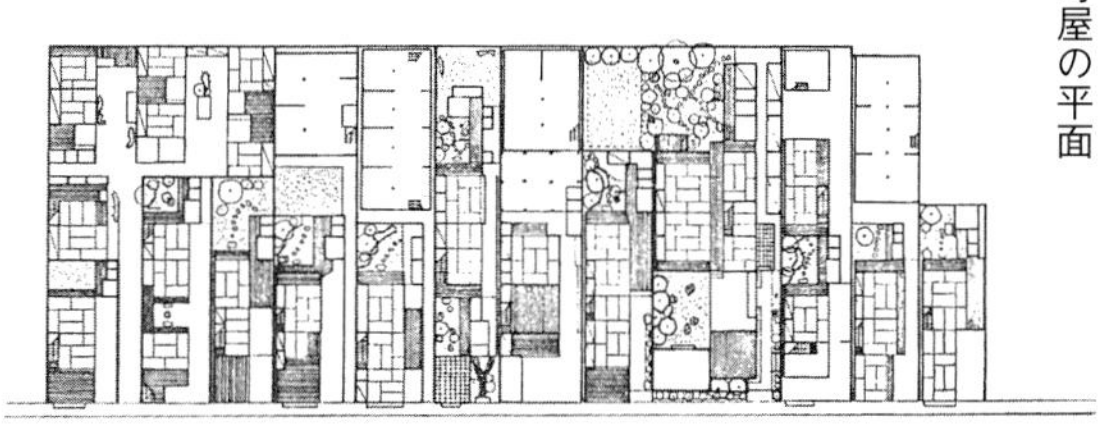

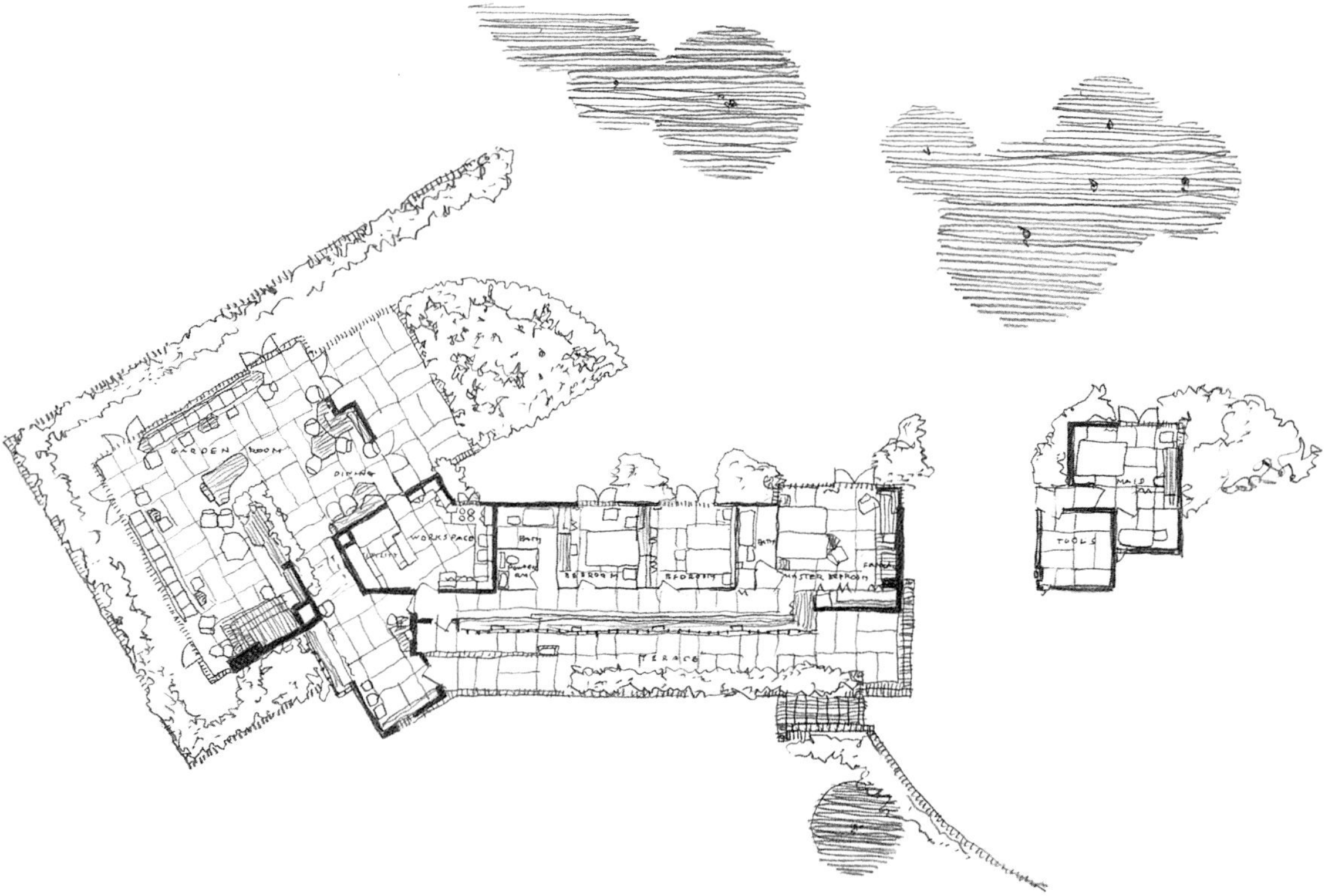

フランク・ロイド・ライトの
ローウェル・ウォルター邸平面図
玄関での気配が感じられるところに、主婦やメイドの拠点である台所がある。そこを挟みプライバシーのゾーン（個室群とバスルーム）と食堂、リビングルームのゾーンがはっきりと二つに分けられている。食堂とリビングルームは開けた庭に面し、リビングルームは回り込むように暖炉へ続く。そこがいちばん落ち着く奥まったところだ。ここにもぐりこんだ人は誰も気付くまいが、実はそこは玄関のキワである。
多様なスペースがいい関係を持ちながら流れるように連続する。外部のテラス、生け垣、立木も室内との関係を考えて計画されている。

て家と庭、内外をつなぐ開口部と長い庇が実に魅力的だ。

ライトの図面をよく見ると、周囲の環境を読みながら室内での行動をきちんと整理して、住宅の中でのネットワークの関係を見事に解いていることがわかる。こうした動線を考えながら室内の生活のクォリティ、行動の違いを住宅の中に整理し、配置していくということは、まさに合理主義的な考え方といえる。ライトはヒーティングの方法や室内気候をつくるという環境志向の建築家としても先駆的な仕事をしているが、そこにも彼の合理主義が表れていると思う。モダンリビングという考え方は、家の中に女中がいない、自分たち家族だけで家庭を維持していこうとしたときにできたものだろうと思うけれど、ライトのつくった住宅は、その点でもパイオニアであったといえるのではないだろうか。彼はコンクリート・ブロックの会社をおこして一種の標準化住宅を構想したりもした人で、決して高級な邸宅だけをつくった建築家ではなかった。

良い住宅のプランを見ていると、外と中の関係、部屋と部屋の関係、その部屋で何をするのか、そこで暮らす人はどのような動き方をするのかということが想像できる。どういう生活像をそこに作者が思い描いたかということが、プランを見るとわかる。そう、良いプランというものは小説のように読めるものなのだ。

建築のものさし

ものを描いたり、つくろうとするときには必ず寸法や比例というものを考えることになる。人の顔を描くときに全体のバランスを考えないで端から書きはじめたら、とても人の顔には見えなくなってしまう。建築のように大きなものをつくろうとするときには、全体をひとまとまりに統合する方眼紙のような寸法の基準が必要になってくる。建築を考えるときの寸法のシステムを僕たちは「モジュール」と呼んでいる。

僕たちが日常の中でいちばん慣れているモジュールは畳の寸法だ。誰でも八畳の部屋というと、それがどのくらいの広さか理解できるはずだ。もっとも畳の寸法は関東と関西では若干大きさが違っていて、関東では約九一センチ、関西では約九六センチと、少し関西のほうが大きい。いわば部屋中に畳というマットレスを敷いてしまったのが日本の和室だから、寝たときの人間のサイズが日本の住宅のスケールを支配しているといえるのかもしれない。

モジュールで考えるということは、家の中のあらゆる寸法をその長さを一つの単位として、その二倍[✦3]、三倍、あるいは二分の一倍というように考えていくということだ。使い慣れた尺貫法のモジュールであるが、畳の生活が基準となっていた時代にできたモジュールであるから、今日の住宅の設計においては九一センチの奥行きの家具（押入れ）は、奥行きがありすぎるという場合も出てくる。どのモジュールを基準に建築を設計していくかは、いわば方眼紙のマス目の大きさを決めることだから、計画の根幹に関わる問題になってくる。当然、異なるモジュールで考えた建築は大きく違ったものになる。

もう一つ、建築の寸法を決めるときに、家具のようなミリ単位のものと建築全体の寸法のように数十メートル単位のものを同じ方眼紙、同じモジュールで考えることは、あまり合理的でないということも出てくる。二〇世紀が生んだ最も著名な建築家であるル・コルビュジエの「モジュロール」[✦4]と呼ばれる寸法系列は、都市レベルのとても大きな寸法体系と住宅の個室の中のとても小さな寸法系列を幾何級数的に統合したものだ。日本でも建築の工業化が進む一九六〇年代には、いろいろなモジュールの体系が研究されている。

僕がル・コルビュジエのモジュロールに感心したのは、彼が設計したラ・トゥーレットの修道院を見学したときだ。ラ・トゥーレットの修道院には修道士一人ひとりのためのとても小さな個室から大きな聖堂までいろいろな大きさの部屋がある。ラ・トゥーレットの

✦3
尺貫法とは、長さを「尺」、重さを「貫」の単位で表すもので、古来より日本人の暮らしの隅々に浸透し、伝統文化を形成してきた。日本でメートル法が公認されたのは明治二四年（一八九一）で、昭和四一年（一九六六）には尺貫法を取引や証明の計量に用いることは禁止された。しかし使用する道具も尺寸でできている伝統工芸、木造建築の世界では、現在でも尺貫法で作業が行われることも多い。一尺は約三〇・三センチメートル、一貫は約三・七五キログラム。

✦4
第二次大戦後、ル・コルビュジエが提唱したモジュールはヨーロッパ人の人体寸法を基にした黄金比を用いることから「モジュロール」（黄金のモジュールの意）と呼ばれた。モジュロールでは人間の手を上げた高さが二・二六メートルとなっている。

ラ・トゥーレット修道院

修道僧の個室

ル・コルビュジエが考案した寸法体型「モジュロール」

修道院を見て、ル・コルビュジエのモジュロールというのは、彼のとてもヒューマンな建築をつくるために欠かせない道具だったということがわかったように思った。彼のモジュロールによって、それらの寸法が全部つながっている。とても小さな部屋から大きな聖堂まで連続的な寸法系列が見える、その連続感が建築の魅力になっている。もしル・コルビュジエにモジュロールという道具がなかったら、この修道院はもっと荒っぽいものになって、とてもヒューマンな感じにはならなかったはずだと思う。

骨組みを考えることはおもしろい

世の中には骨組み、つまり架構のとても美しい建造物がある。例えば、一〇〇年ほど前にパリの万国博覧会のためにつくられたエッフェル塔、スコットランドエジンバラ近郊の入り江に架かる巨大なフォース橋、マイヤールのつくったコンクリートの橋、フライ・オットーのつくった吊り屋根構造のオリンピック施設、丹下健三設計の代々木体育館など、あげればきりがないけれども、これらは骨組みの美しさが魅力的な作品である。こうした建造物の骨組みがどのようにしてできているか、どのような工事手法を反映したものであるか、それを考え、つくった人がどんな知恵を絞っているか、それを理解することはとても楽しいことだ。しかし、構造のおもしろさは、大きな建築だけにあるものでもないし、また必ずしも表から見えるものでもない。

どのようにして全体の架構をつくるかという問題は、住宅においても設計の醍醐味の一つである。さらに必ずしも既存の技術だけでは自分の考えているものが実現しないとき、どのような工夫をその建築家がしているか、裏に隠された架構の工夫を読むことは、手品の種明かしを探るようなおもしろさがある。ここで一つの住宅の骨組みをじっくりと解剖

エジンバラ郊外のフォース湾にかかるフォース橋（設計＝ファウラー、ベーカー、一八八九年）

ミュンヘン・オリンピック競技場（一九七二年）

してみよう。

解剖台に載るのは清家清先生[✦5]の自宅だ。この住宅は今から五〇年も前、昭和二九年につくられた。建築家でこの住宅のことを知らない人はいないほど有名な住宅だ。僕はこの住宅を何度か先生に案内されて見せてもらったことがある。約五×一〇メートル、五〇平方メートルの間仕切りのないワンルームのとても小さな、しかもローコストの住宅だ。使われている材料は、僕も自宅で使おうと試みたオープンな材料ばかりだ。考えてみれば、昭和二九年当時はそういうオープンな材料しかなかったわけだけれど、だからこそ、そのことをテコにしたたくさんの工夫が詰め込まれている。

例えば、壁の強度を高める役目をも果たしている外装材兼遮熱材の焼過ぎレンガ、地階へ降ろすことによって一〇〇%の開口部となる書斎前面の大きな鉄製サッシ、五枚構成の居間南側の開口部、壁の小口に金属補強されて取り付けられ、カーテンを閉めるとあたかも浮いているかのごときサイドボード、地下階へわずかに光を落とす埋めこまれたガラスブロック、玄関とおぼしき所に張られた大理石など、わくわくするほどだ。

この住宅は、こうした各種の細かな工夫だけではもちろんなく、計画のうえで本質的な特徴を持っている。清家先生が話してくれたことだけれど、計画の当初、この住宅は「ティルトアップ工法」という組み立て方法の実験住宅として計画され、検討されていたという。ティルトアップ工法というのは、工場でつくられたコンクリートの壁板や天井板を子供がトランプのカードでおうちをつくるようにして現場で組み立てていくものだ。戦後間もない当時、とにかく住宅が足りない、早くたくさんの住宅をつくらなければいけないということで、日本でも組み立て建築ブームがあった。その一つの表れとして、清家先生が自宅の建設を一つの特殊な住宅をつくることとして考えたのではなく、「標準化」、「大量生産住宅」の試作としてとらえていたのではないかという想像を僕たちにかきたてる点で、

✦5
一九一八年京都市生まれ。建築家。東京工業大学名誉教授。東京芸術大学名誉教授。デビュー作の森博士の家を始め、日本住宅史に残る一連の住宅を戦後初期につくる。主な作品に、森博士の家、宮城教授の家、私の家、続私の家、小原流家元会館、東京工業大学、九州工業大学、青山学院大学の校舎、講堂など。

とてもおもしろい話だ。

このティルトアップ工法による計画は、公庫融資の条件に適合しないという理由で断念され、現場での一般的な鉄筋コンクリート工法に切り替わるのだけれど、もしティルトアップ工法のまま計画が実施されていたとき、この住宅が持ち得たであろうインパクトを考えると、少々残念な気がしないでもない。しかし、ティルトアップ工法をチャレンジした痕跡は、この住宅のあちこちに残されている。

その最も大きな痕跡が、居間の上部で天井のコンクリート版（スラブという）を左右にバランスさせてやじろべえのように支えている「ハブマイヤートラス」だ。部材が三角形を単位とした骨組みをトラス構造というけれど、ハブマイヤートラスというのは、ギザギザの部分（ラチス材という）に鉄筋が使われたトラスのことだ。そういえば、ご子息が子供の頃、端から端までぶらさがって遊んでいたと、清家先生がいっていた。

このトラスは、両端をコンクリートの壁を支持点とし、約四・五メートルの間に架け渡され、見かけ上三八〇ミリの成（垂直方向の長さ）を持っているけれど、九八頁の図のように実際には屋根スラブの中に約二〇〇ミリの梁が埋め込まれた二重構成になっている。スラブに埋め込まれた梁は、当時は建築用の梁材がまだないから、上下二段でそれぞれ二枚のアングル（L形断面の形鋼）が六ミリ厚の鉄板ではさみこまれ、熔接されている。そして、この上下二段のアングルは、コンクリートの厚さを決めるための定規にもなっているという構成をとって、片側の長さ三・七メートル、中央の厚さ二五センチ、軒先で九センチの厚さのスラブを支えているわけだ。

ここでおもしろいのは、中央から庇までの長さが、どういう理由から三・七メートルになっているかということだ。適当に長さが決められたわけではない。屋根スラブにコンクリートを流し込むときには必ず型枠が板で組まれ、そこに鉄筋を配筋してから流し込まれ

清家邸居間のハブマイヤートラス

清家清自邸夜景。右側の書斎の窓は地下に入り、南面は前面開口になる。

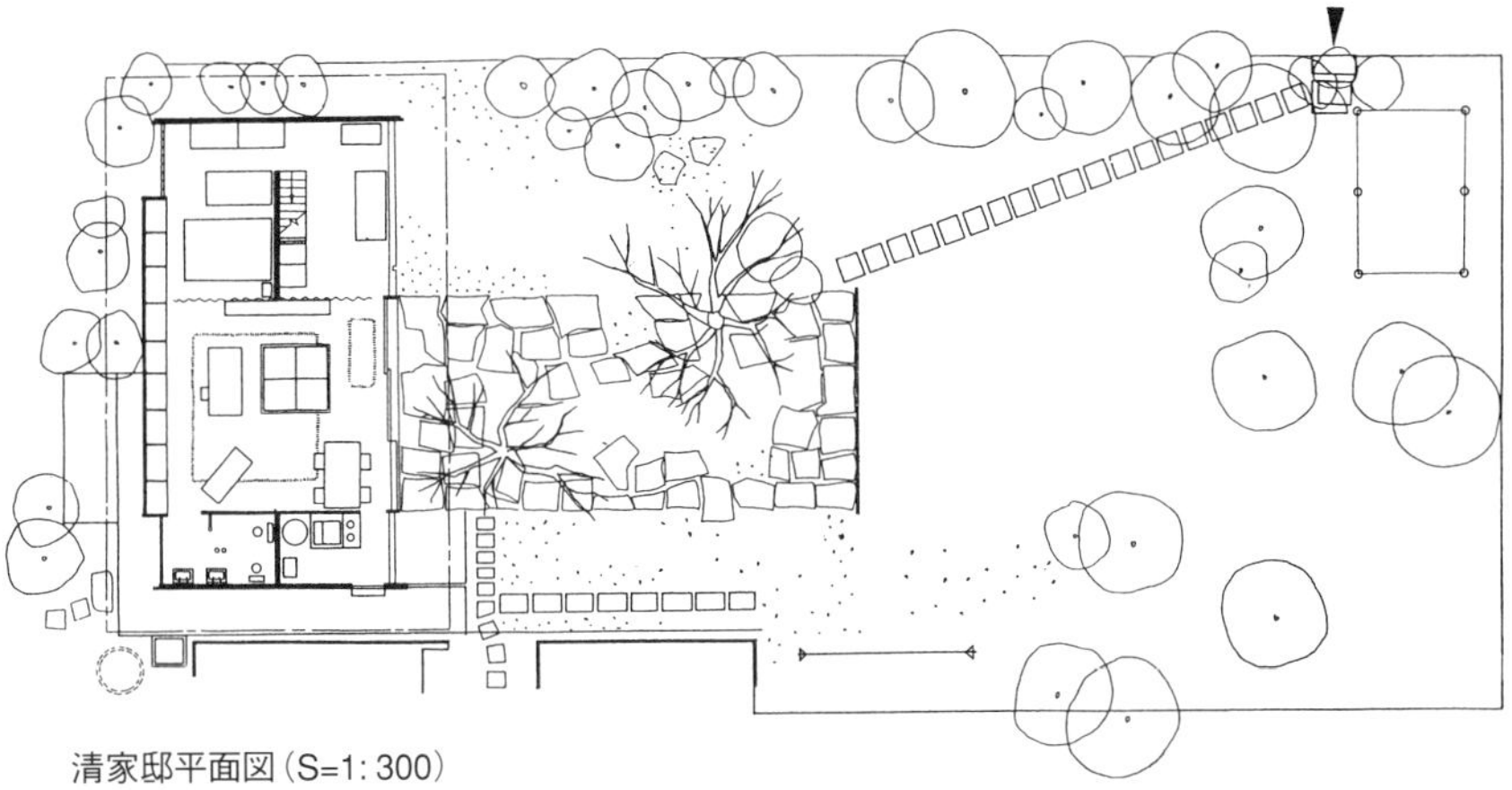

清家邸平面図（S=1: 300）

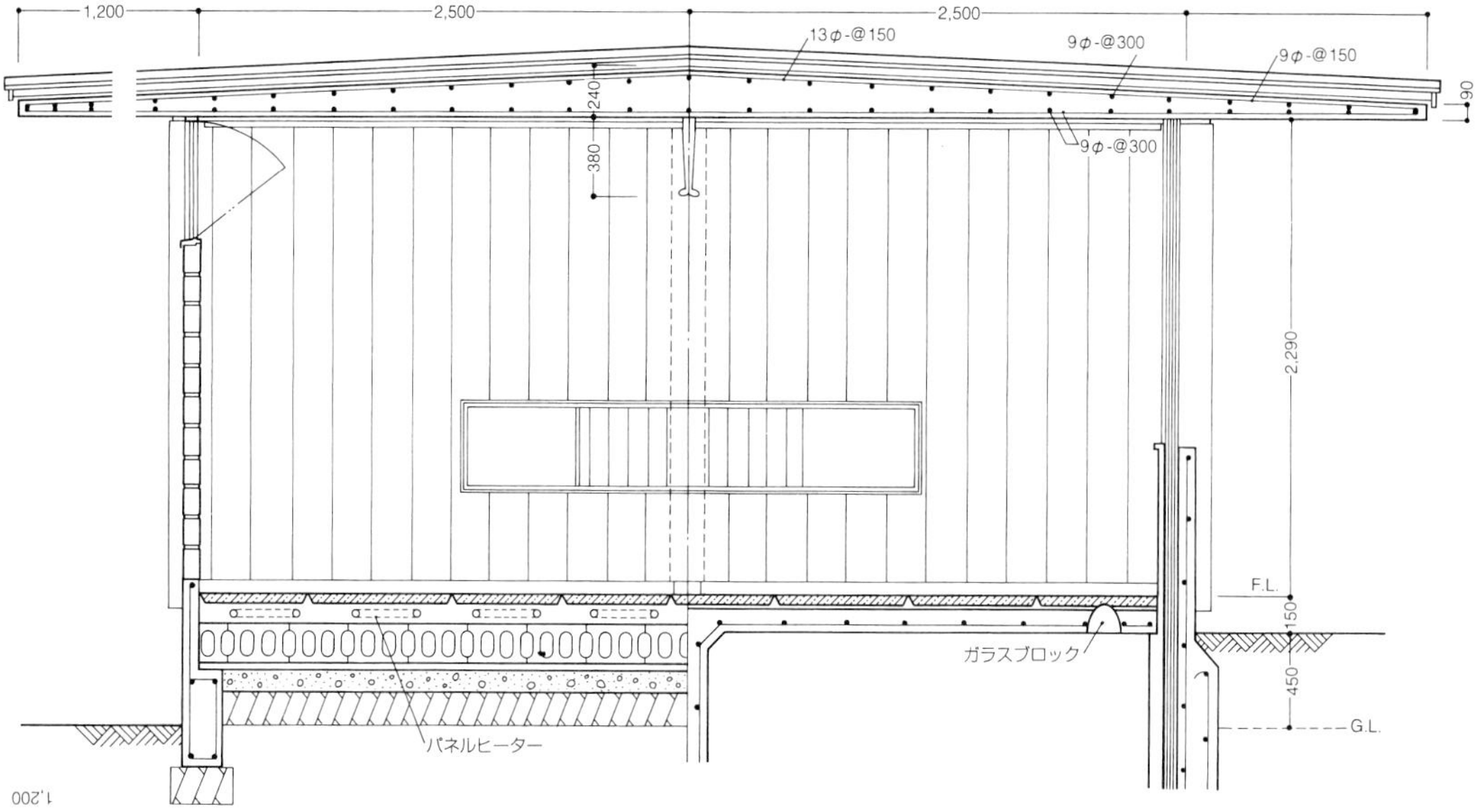

断面図（S=1: 50）

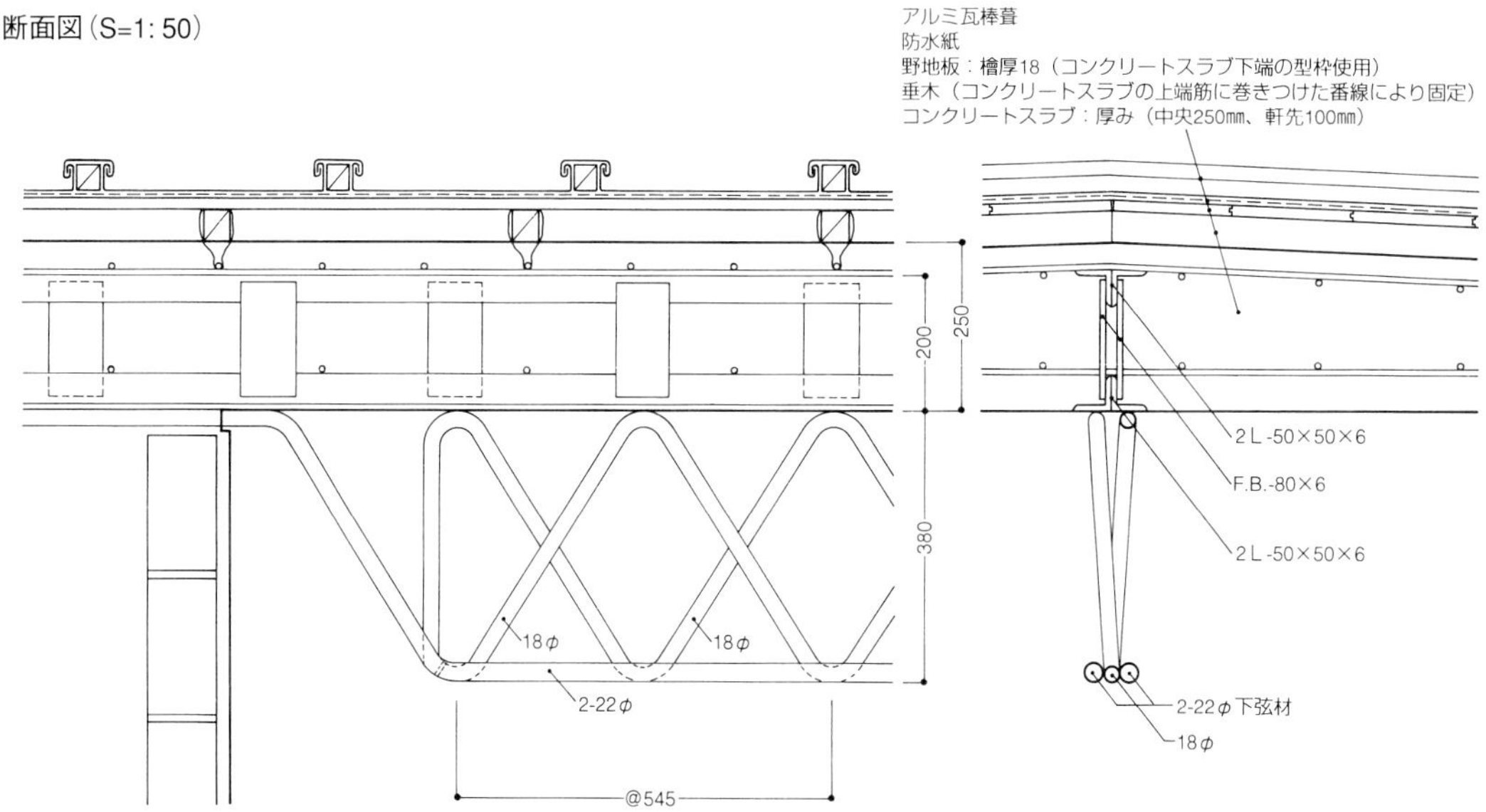

ハブマイヤートラスの実測図
（コンクリートの内部は清家先生の記憶と僕の憶測による）

るわけだけれど、型枠をつくるのに使われた杉板の規格寸法が六尺だったのだ。実際にはノコギリで切られる部分を見越して一〇センチほど長い。その分も無駄にしないように型枠をつくったら屋根スラブの長さが三・七メートルになったというわけだ。

型枠として使われた後の杉板はどうなったか。清家邸では、その杉板をそのまま屋根の野地板《のじいた》として使っている。さらに驚くことは、トラスのギザギザのラチスの部分は二二ミリの鉄筋が使われているのだけれど、それを伸ばすと一本の定尺の鉄筋になる。つまり一本の鉄筋をくねくねと曲げてどこも切らずに全部使っているわけだ。腕のいい料理人が大根の皮も無駄にしないでおいしい料理をつくりあげるように、清家先生は材料をしっぽまで見事に料理している。これこそ建築を楽しむことの醍醐味だと思うのだ。

架構と舗設という考え方

「住宅はシェルターとマシンから構成されている」と、僕は自分の家のことで、その話をしたけれど、「住宅は架構と舗設《ほせつ》から構成されている」と教えてくれたのは、清家先生だった。「架構」は骨組み、僕のいい方ではシェルターのことだけれど、「舗設」というのはあまり聞いたことのない言葉だと思う。「舗設」というのは架構の中にしつらえたもの、一般的にいえば家具のことだ。

清家邸が建てられる一年前の一九五三年に建てられた宮城音弥邸も、自邸に劣らず日本の戦後住宅史に残る傑作だ。この宮城邸には架構と舗設の考え方が最も明確に表れている。この住宅の架構は、「囲う」という字と同様の平面を持っている。「井」のかたちの部分は、ハブマイヤートラス、真ん中の穴はトップライトになっている。その周りに壁、床に仕込まれたパネルヒーティング、開口部の大きな建具（ガラリ、ガラス戸、網戸、障子）、それだけ

次頁上写真／宮城教授の家・南面全景。両袖と中央の壁は戸袋を兼ねた耐震壁。
次頁下写真／宮城教授の家・居間。中央のソファは渡辺力のデザイン。

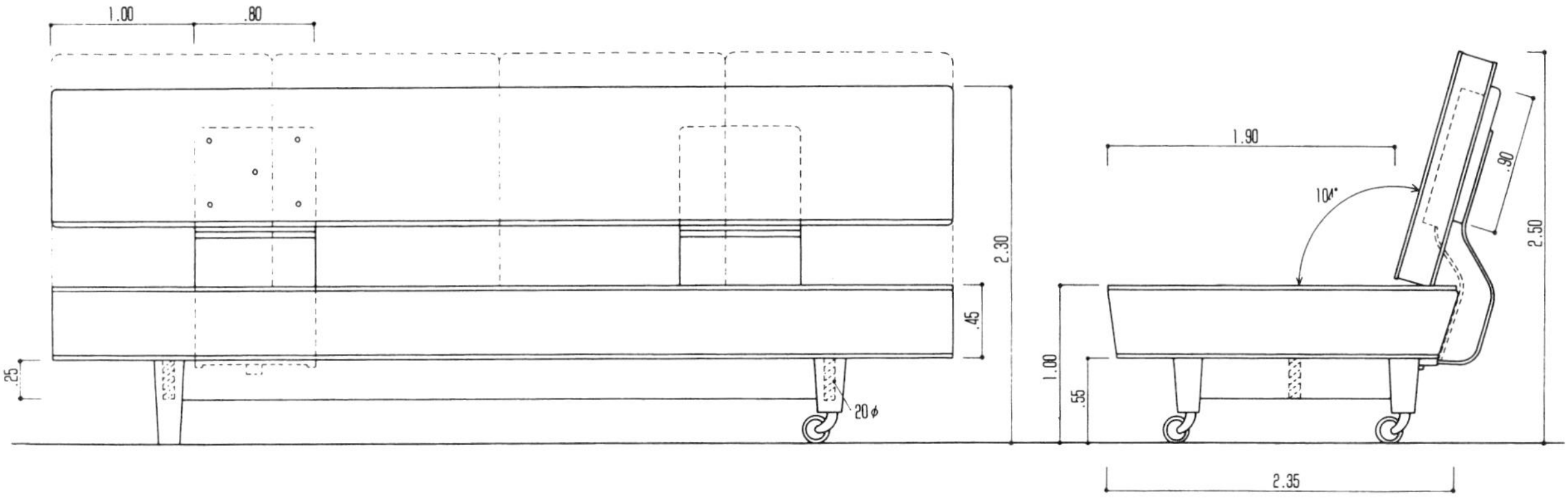

ソファ

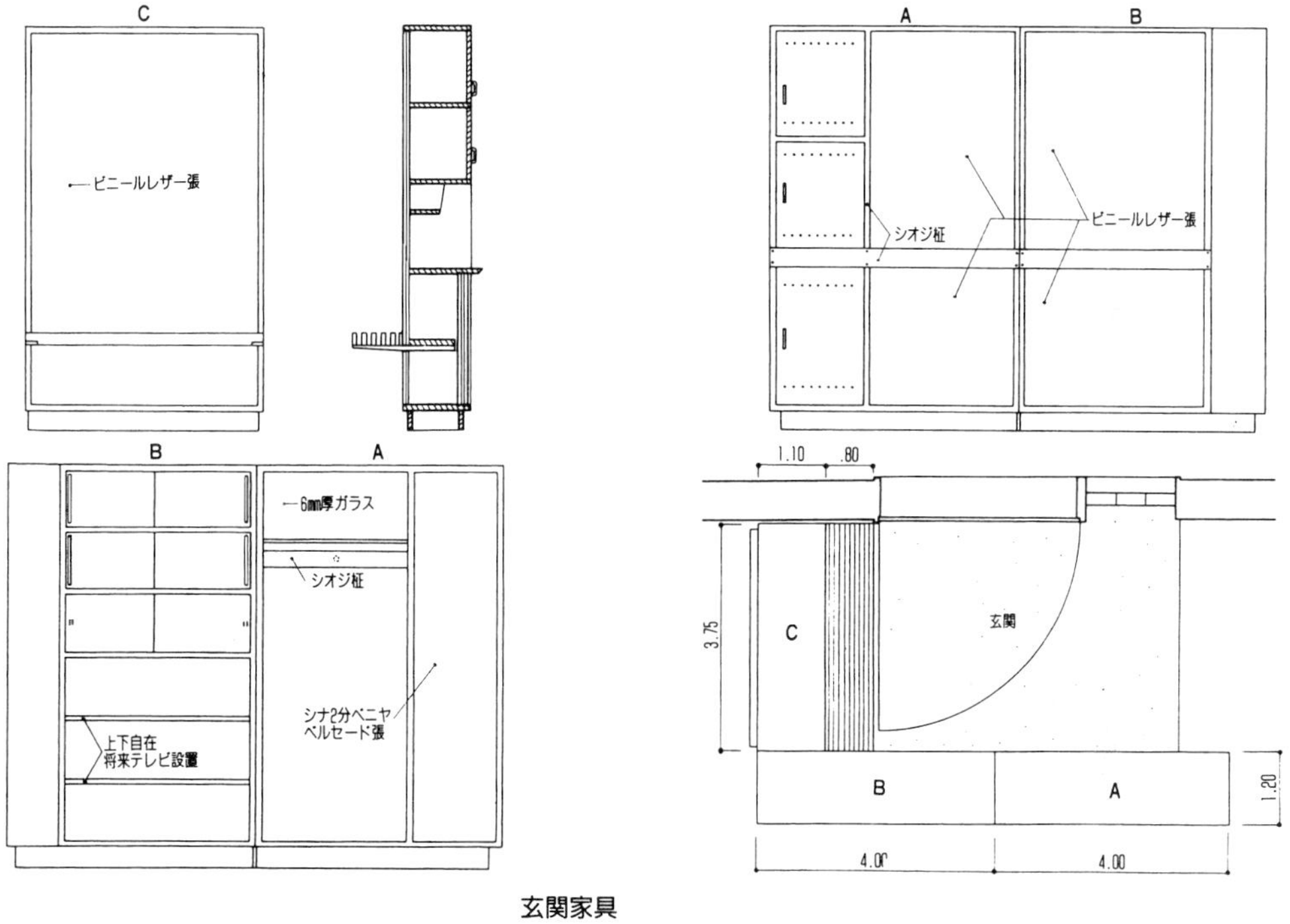

玄関家具

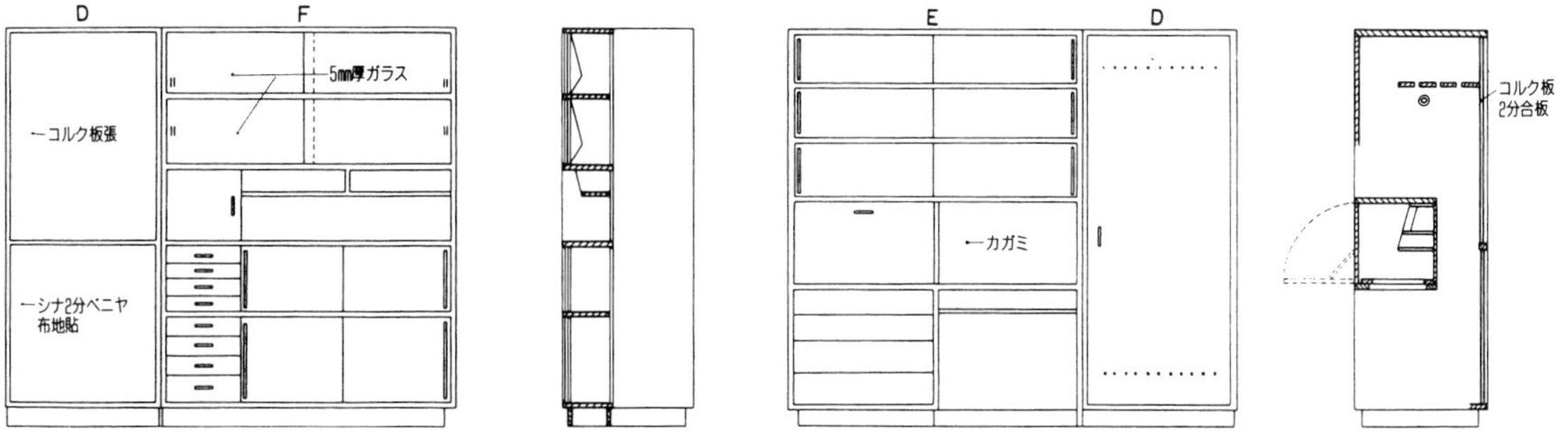

複合箱

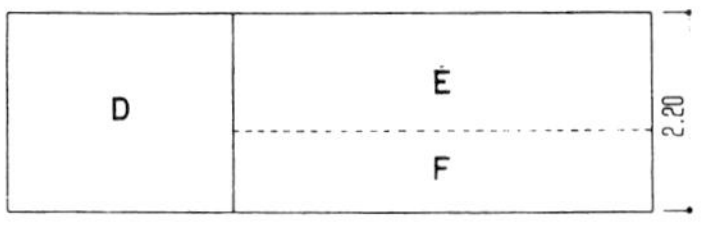

宮城邸の内部を舗設するための家具の数々。上からL字型に置かれ、居間となるソファ。台所と玄関を区画する家具。寝台のスペースと書斎のスペースを区画する家具。

でできた住宅だ。

このユニバーサルな平面と生活機能との間を取り持つ役目を受け持っているのが、デザイナー渡辺力✦6が設計した舗設なのだ。つまり清家さんと渡辺さんは、住宅というものを架構という大きなスケールのものと舗設という小さなスケールに明確に分け、それらを二人で協同してつくっていることになる。

清家先生がここで考えていたことは、建築はまず大きな構造体としてある、そしてその中をどう使うかということはもう一つ別の話だということだ。なぜかというと、架構に求められることと舗設に求められることはまったく違うことだからだ。架構はとにかく丈夫であること、厳しい気候から室内を守り、長持ちすることが要求される。それに対して、舗設はそこに住む個人によって要求されるものが千差万別であり、また家族の成長などに柔軟に対応できることが要求される。

要求条件やスケールが違うものは、分けて考えたほうが問題を整理しやすい。複雑な問題を解くときに、複雑のまま並べておいては、答えが見つけにくい。そういうときは、いくつかの物差しを用意して、ものさしを使い分けたほうが問題を解きやすい。清家先生が「架構と舗設」という考え方をしたのは、そういう理由からだと思う。

今日のレディーメードの住宅やマンションは、ここまでつくってあるかと思うほど、非常に個人的なしつらえに至るまでつくりこんであるものをお客さんは買うことになっている。例えば、クローゼットや玄関の小さなニッチまでがすでにできていて、場合によっては、とても趣味的な塗装やデコレーションがしてあったりする。そのつくりすぎた小さな家の中に、さらに家具を買い込むものだから、日本人ほどの物持ちはいないという状態になる。ピーター・メンツェルという写真家が世界中の家族を、その家の庭で世帯道具一式といっしょに撮った『地球家族』という写真集があるけれど、それを見ると日本人の持ち

✦6
デザイナー。一九三六年東京高等工芸学校（現・千葉大）卒。群馬県工芸所でブルーノ・タウトと出会う。母校助教授を経て、五六年デザイン事務所「Qデザイナーズ」を主宰。インテリア、家具、プロダクトなどのデザイン部門で活躍。主な作品に、「ヒモイス」、「籐の家具」（山川ラタン）、「クロック」（セイコー）、「東京・祐天寺の聖パウロ教会インテリア」など。

物の多さにあきれてしまう。と同時に、庭に運び出せなかったつくりつけの家具の類は、おそらく写真に写っている以外にも山ほどあったはずだと思えてくる。なぜこんなに日本の家は裸にならない家になってしまったのか。

清家先生のいう舗設、つまり「しつらえ」は、シェルターの中でどうやって家族なり個人がそこで自分なりの生活を営むかという工夫の反映のはずだ。だから舗設は、シェルターよりもずっと時間のサイクルの早い変化を受け持っているわけだ。サイクルの遅い部分と早い部分を分けて考え、そのようにつくっておくということは、これからの住宅や建築の寿命を延ばすためにも、とても重要な考え方だ。住宅の中で長く使う部位を「サポート」、早いサイクルで交換する部分を「インフィル」と、僕たち建築家は呼んでいる。舗設がインフィル、架構がサポートに当たると考えていいと思う。

ここで舗設の考え方がよく出ている設計の例をもう一つだけあげておこう。僕の恩師の奥村昭雄先生が、一九六九年に設計した延べ床七〇平方メートルほどの小さな平屋の住宅（「井の頭公園の家」）だ。この住宅はコンクリート壁構造の箱の上に、合板による置き屋根が載って、床には温水パネルヒーティングが装備され、開口部はガラス戸、網戸、雨戸から構成されている。これがこの家のシェルターだ。

室内の間仕切りは、浴室・洗面所などの水廻り以外は、切り無駄をほとんど出さない寸法で厚板合板を使ったパネル方式になっている。シンプルなコンクリートのシェルターと、建具のように取りはずすことが容易な舗設によって構成された、ローコストでありながら密度の濃い、住む人の質実な生活感が感じられる住宅だ。付け加えると、この住宅の屋根はコンクリートの上の置き屋根で、コンクリートが受熱して熱くなるのを防ぐ構成となっている。この点も実に合理的だ。

井の頭公園の家（設計＝奥村昭雄）

居間と子供室の間のパーテーション（床部分）

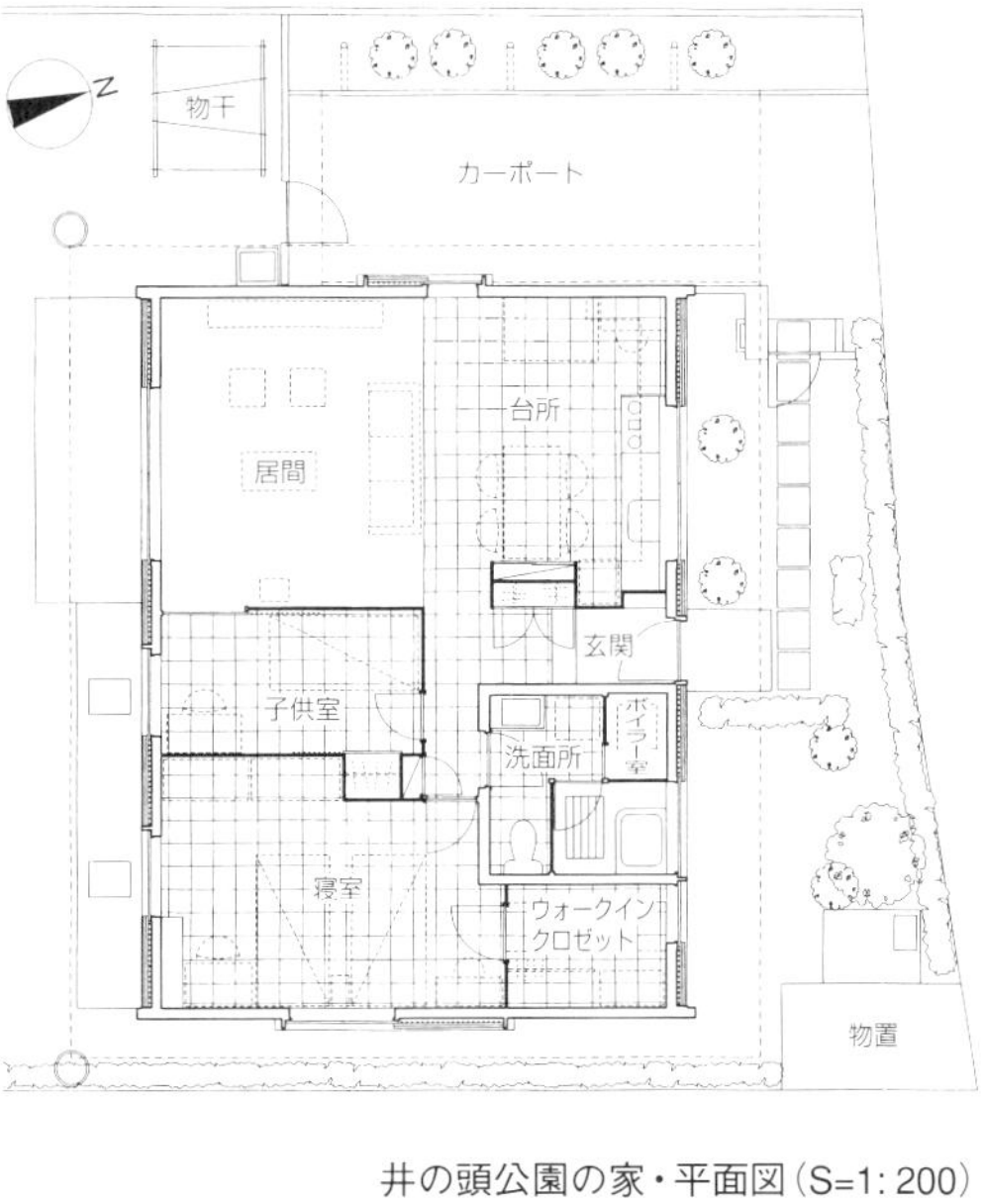

井の頭公園の家・平面図（S=1: 200）

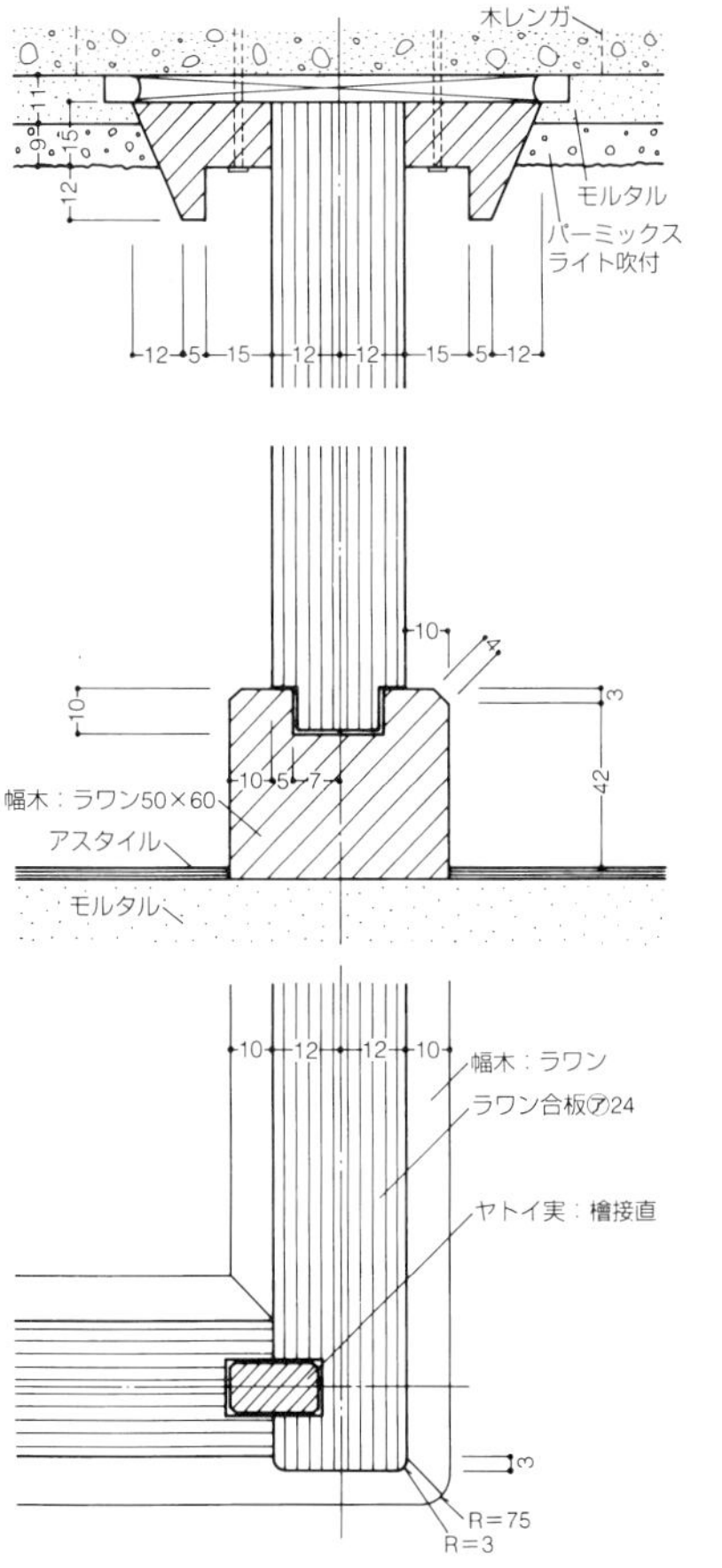

標準パーテーション詳細図（S=1: 3）

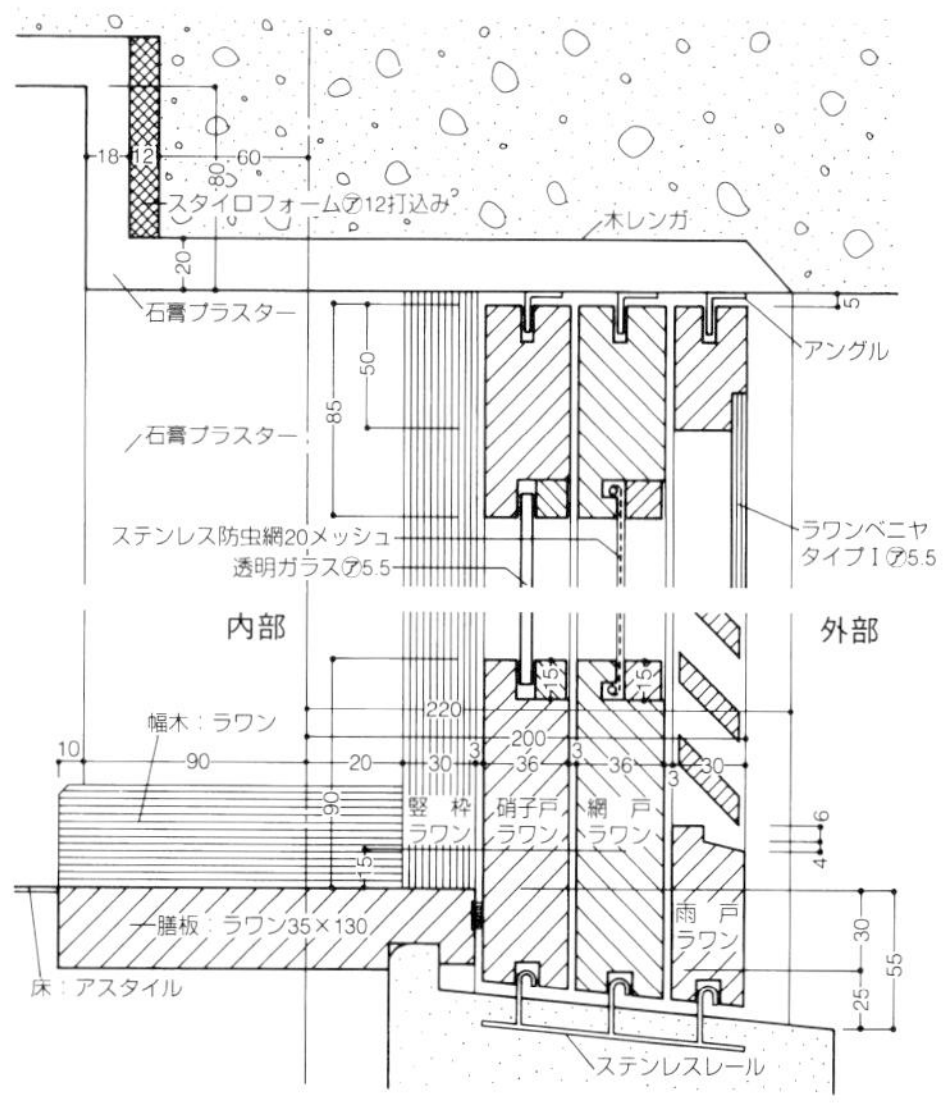

標準窓周り断面詳細図（S=1: 6）

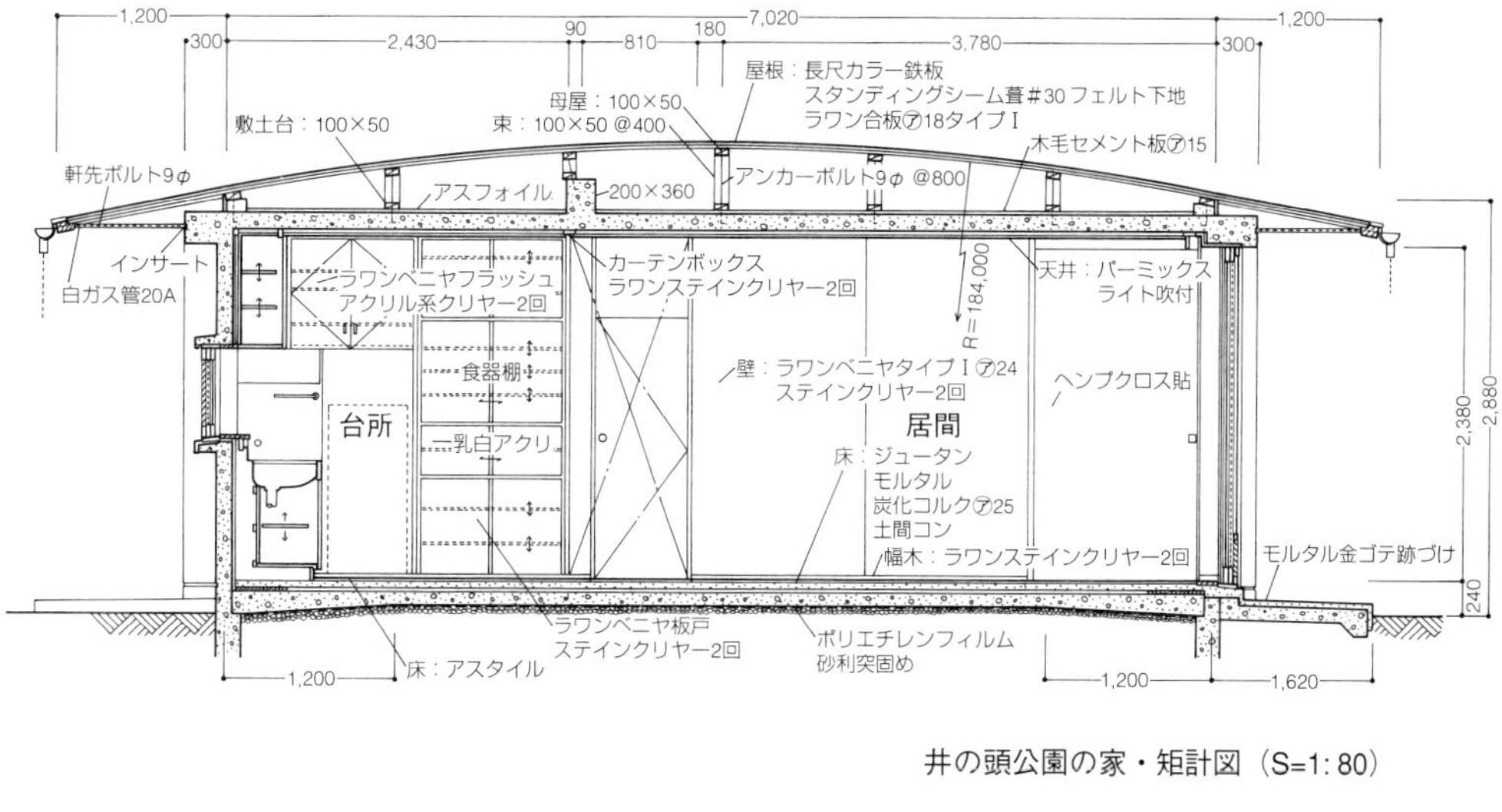

井の頭公園の家・矩計図（S=1: 80）

合理の人・吉村順三

吉村順三の授業

　建築家、吉村順三は僕にとってとても近く、しかし遠い人だ。戦後すぐの頃、僕の叔父は美術学校（東京芸術大学の前身）を出て、吉村先生の事務所の最初のスタッフになった。しかし、この叔父は幾年を経ずに結核で死んでしまったのだった。その当時、五、六歳だった僕には叔父の記憶はほとんどなく、彼がつくってくれた鯉のぼりを持つ僕自身の写真の記憶が、叔父の記憶といっていい。僕が芸大の建築科に進んだこととこの叔父の存在は、どこかできっと大きな関連がある。そこで僕は叔父のボスだった先生に学ぶことになる。

　吉村先生は東京下町の呉服屋の家に生まれ、早くから建築家になることを望み、美術学校の学生の頃からアントニン・レーモンド✦1の事務所で仕事をし、住宅はもちろん、オフィス、学校、博物館などなど、多彩な質の高い建築を生み出した建築家だ。

　大学での吉村先生は学生に「ジュンチャン」と、チのところにアクセントを置いた親しみのある呼称で呼ばれていた。入学してすぐに先生のお宅へみんなでお邪魔した折、奥様が「今年は大勢なのね」とおっしゃったことをよく覚えている。「昨年のままの定員であったら僕はここにいただろうか」と、とっさに

✦1 建築家（一八八八—一九七六）。ライトの助手として旧帝国ホテル建設のため来日し、事務所を開設。東京女子大本館およびチャペル、軽井沢聖パウロ教会、リーダース・ダイジェスト東京支社、ペリーハウスなどの他、多くの住宅を手がけて日本の建築家に大きな影響を与える。彼の元から日本を代表する建築家、前川國男、吉村順三、増沢洵などが輩出している。

思ったから。前年までの合格者が一〇人、僕らの代から一気に五〇％定員増の一五人になったのだ。

学校がごく少人数であったためもあって、先生方の学生への影響は実に大きいものであった。吉村先生は建築概論を講義され、設計の課題のいくつかを見てくれた。課題のエスキスは夜遅くになることもめずらしくなかった。折に触れてされた先生の話を実はほとんど覚えていないのが無念なのだが、記憶にあるものをつなぎ、それらをごく荒くくくると、「合理的であることのおもしろさ」ということではなかったかと思う。

記憶するいくつかの話、その断片の一つに、「フロアスタンドのコードは将来なくなるであろう」という一見唐突な話があった。フロアスタンドの移動可能の快適さ、合理性。その一方でつまづきかねない電気コードという不快の存在。これは片付けるべき不合理ではないだろうか。先生はこのように片付けるべき問題を発見し考えなさいと、いっていたように思う。デザインとはそうしたものであると。

そうした作業の結果としての快適性と利便を「気持ちの良さ」といういい方で先生は表現されていたのであり、先生のいう気持ちの良さとは、実は合理とコインの表裏のようなものであることをこの逸話は示すのではないかと思う。

先生は最小の住宅を考えることのおもしろさ、プロポーション、設備を考えること、構造のおもしろさ、家具の大切さなど、建築にかかわる多くの話をされた。そしてたくさんの好きな注目する建築、建築家の話もしてくれた。シャルトルの聖堂、モンサンミッシェル島、シェーカーズの家、ロマネスクの修道院、コルビュジエ、京の町屋、奈良の集落、朝鮮の集落、オンドル、園城寺光浄院、桂と修学院、ヤコブセン、フランク・ロイド・ライトなどなど。そして国内のもののみではあるが、それらの建築を実地に見る機会を与えてくれた。烏帽子をつくる方の住む京の町屋、大徳寺弧逢庵、大仙院、桂、修学院、それからもちろん軽井沢の彼自身の別荘、レーモンドさんの夏の家などは特に記憶に残る。

教えるための体制、布陣もきっと吉村先生が考えぬいたものであったのではないかと最近になって思う。建築の思想を語る気鋭の人、

「がくちゃん」（山本学治先生）には建築の論理的な部分を、フランク・ロイド・ライトの弟子「たろちゃん」（天野太郎先生）には建築の感覚的な部分を、といったもくろみがきっとあったのではと思う。助教授、講師に迎えたその他の先生も伝統木造の継承者、伊藤要太郎先生をはじめ、実に考えられたものであった。これらの人々が実に生き生きと彼らの思うところを私たちに主張する、そうした学校であった。

■■ 中野の家と軽井沢の山荘

吉村先生が僕たちに見せてくれた先生自身の仕事は、中野の御自宅が最初で、入学直後の長野方面の全学年連れ立っての旅行の折に見た軽井沢の別荘がその次、そしてその年に竣工した溜池のＮＣＲビルを見たのが、その前後だったと思う。

中野の御自宅は戦後の名建築の一つとして知られているが、何回もの増改築を繰り返して今日のかたちになった、いわば先生のケース・スタディの場だ。もともとは小さな建売住宅であって、生活の状況や時々の興味に従い何度もここで実験をされたのだろう。間取りの変更ばかりでなく、温風床暖房を試みるなど設備の改築も行われている。

木造住宅がリニューアルしやすい建築であり、使用のかたちに合わせ少しずつ改変しながらいつまでも使い続けることのできるものであることを示す好事例でもある。

階段の踊り場レベルに置かれた浴室の配置（二階寝室からの利便と当時あった女中部屋からの利便）、ビール瓶による浴室床の保温断熱、大きく開き、雨戸・ガラス戸・網戸・障子が多様な環境をつくる開口部、奥まって長めのアプローチをつくる玄関、暖炉、住宅中央のキッチンとそこにある排気・採光を兼ねた天窓、食事室の窓の仕掛け、池と立ち木により奥行きを感じさせる庭、増築の痕跡のある室内の壁などについて、先生から説明があったと記憶する。

このときに最も印象に残った言葉も「合理的であること」に深くつながる。

「一階から二階への高さは少ないほどいい。階段は一段でも少ないほうがいい。そのほうが二階にものを取りに行くとき苦にならないだろう」

1950年 21.5坪 書斎などの増築。

1948年 17.5坪 増改築で畳の部屋がリビングになる。

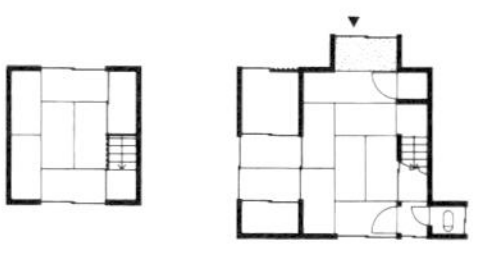

1946年 12.5坪 当時３万円で買った家

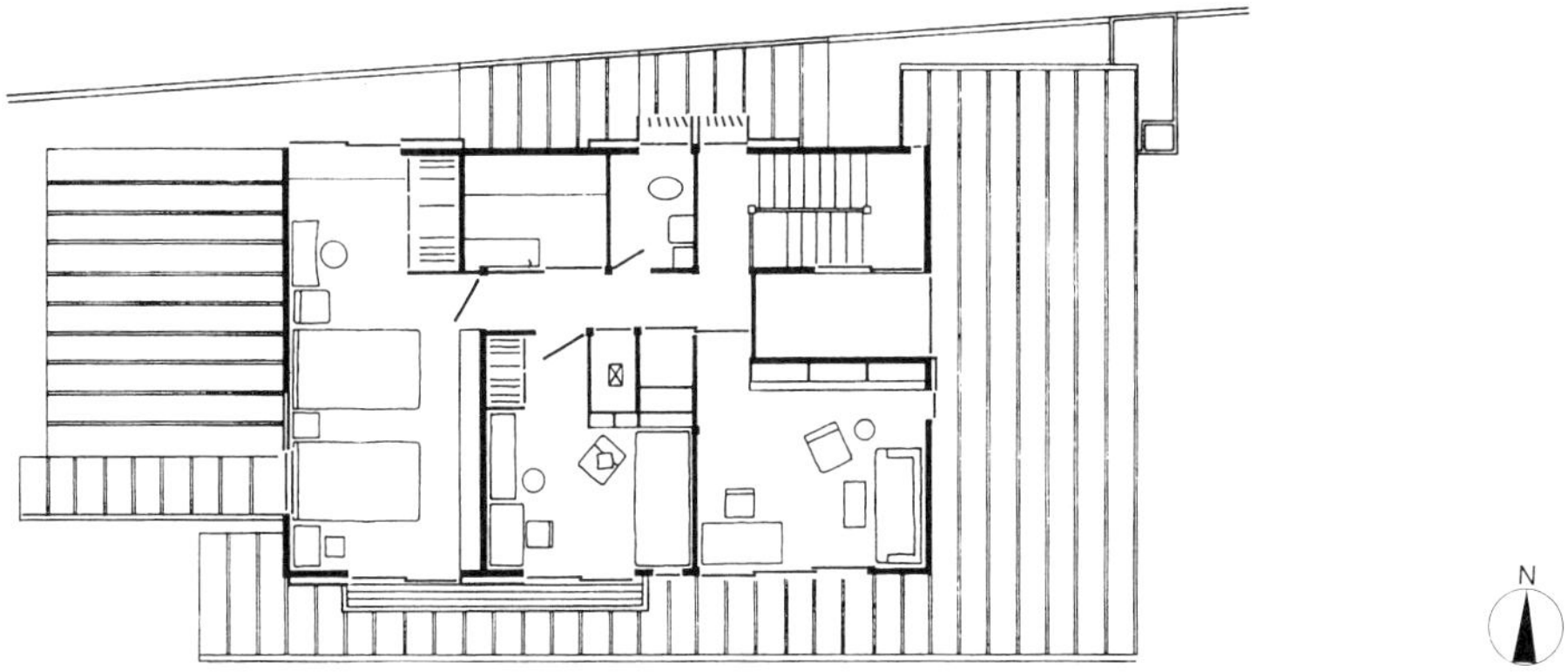

2階

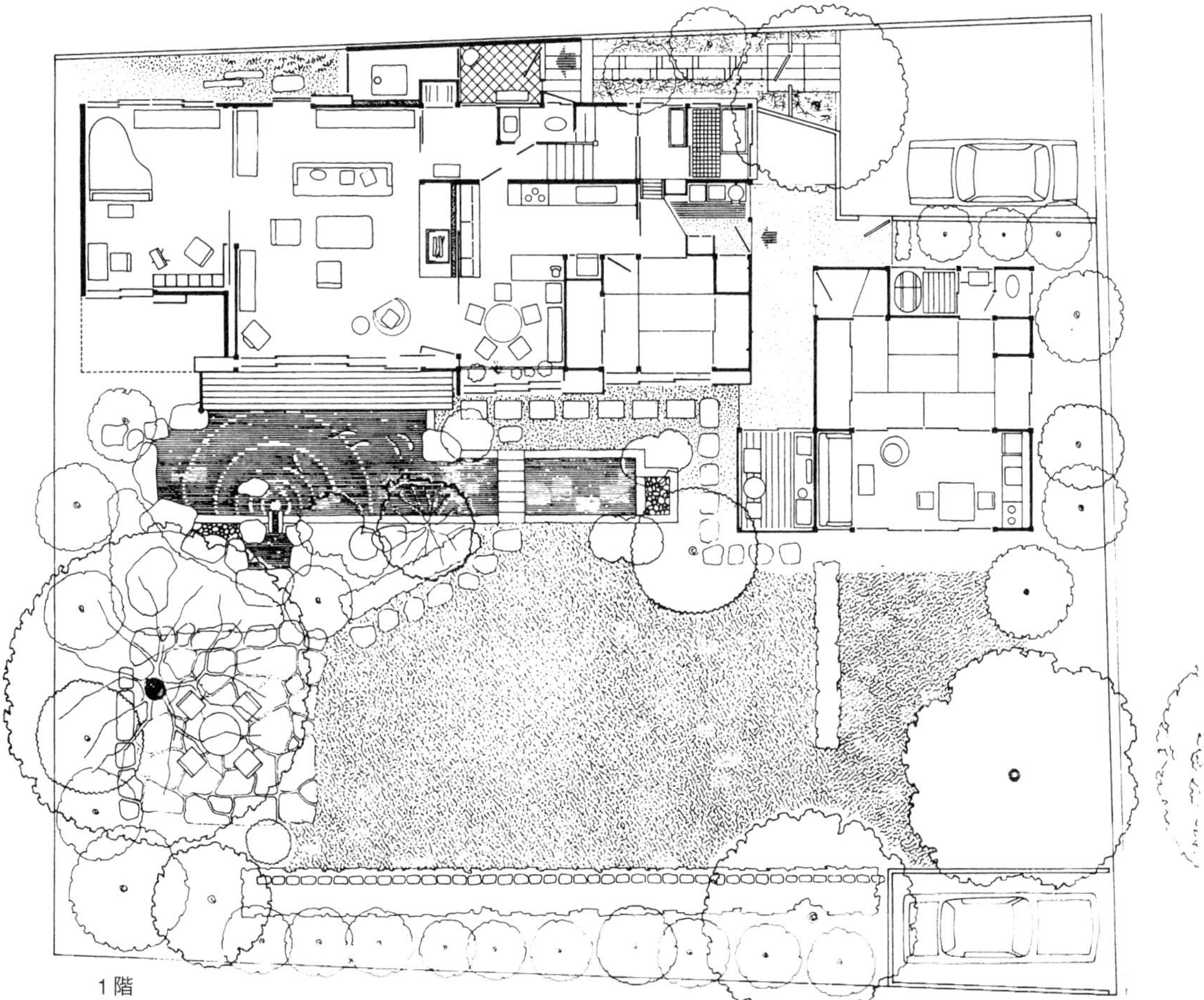

1階

吉村邸平面図（S=1: 200）

吉村邸の居間

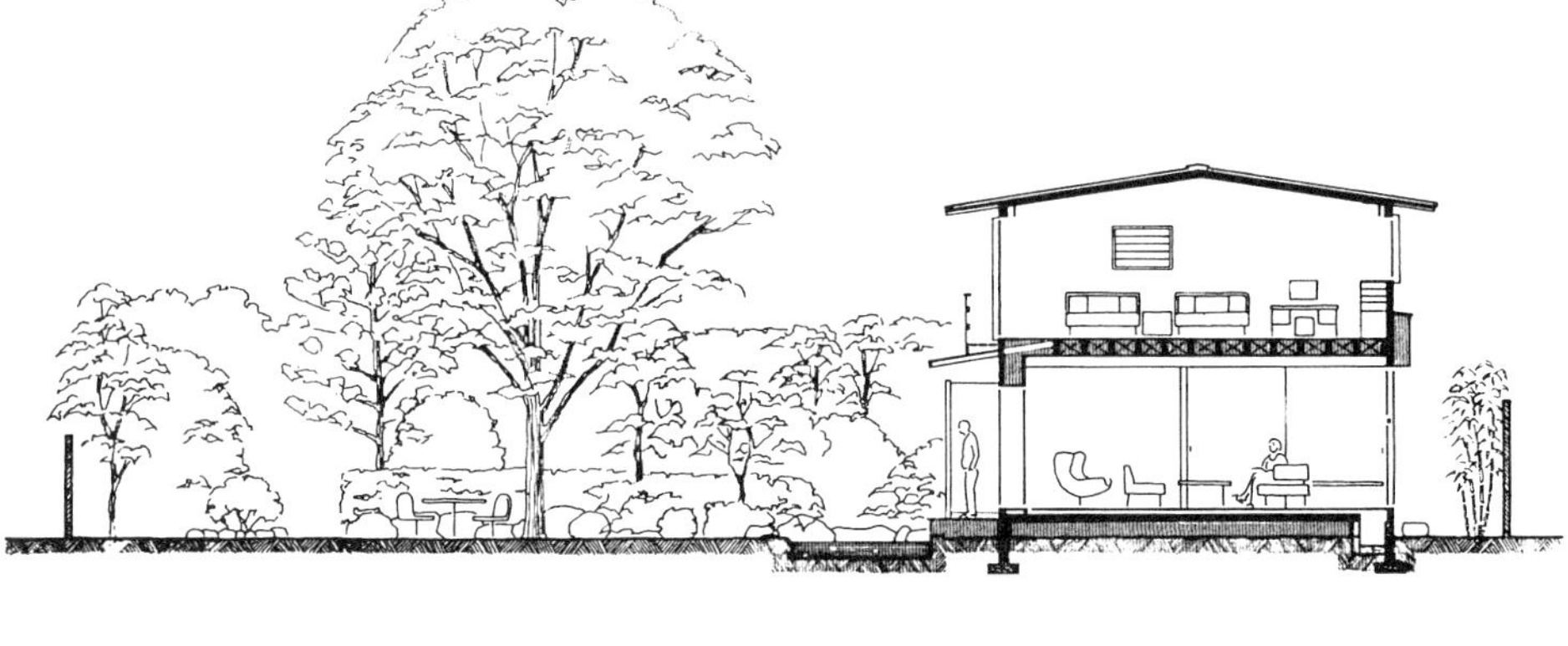

吉村邸の断面（S=1: 200）

吉村邸の一階の居間は、木造二階建ての部屋としては比較的大きい部屋だ。二階を近くすること、そして目的にあった広さの居間をとることは、どちらもひどく合理的なことだ。しかし、これらを二つながら成立させることはかなり難しい。通常の方法だと、広い居間を確保すると大きな梁が必要になる。すると、梁の上の二階は一階から遠いところになることになる。梁を小さくすると、一階の部屋は小ぶりにならざるを得ない。

吉村邸の二階の床は、アメリカの木造住宅の工法を参照したのかと思わせるたくさんの梁を密に並べた構成になっている。一つひとつの梁が受け持つ床の荷重をそれにより少なくし、梁の成（垂直方向の長さ）を低く抑え、それらを金属のテープで、交互にたすきをかけるようにつなぎ、振動を止めているのだ。

こうした「合理のための工夫」は、軽井沢の別荘でも発見できる。

二階に七・二メートル角の平面を持つこの木造住宅は、南に一辺の長さの三分の二にあたる四・八メートルの巨大な開口を持っている。収まる建具は二・四メートルの幅のものが二枚、当時の軽井沢で公共建築を含め最大のガラスだったそうだ。もちろん、ここにはガラス戸のほか雨戸、網戸、障子が用意され、すべての建具は残りの二・四メートルの壁にしまいこまれて、開口部はまったく開け放たれる。

地表から持ち上げられ、樹上のような視点から森を見渡し、森と一体になる、そのための大きな開口。この「合理的」な目標を実現するために、開口の上部の三角形の壁には斜めの架構が忍ばされ、開口上部の梁とトラスを構成し、屋根とその上の物見台の荷重を支える二本重ねの丸太の梁の荷重を右左に分散し、処理している（一一三頁のスケッチ参照）。

建物を一階分持ち上げたのは、視界のためだけではない。コンクリートの一階部分には玄関とユーティリティしかない。この戸締りさえすれば安心して帰途につけるのである。

二階の浴槽の焚口は目の高さにあり、作業性がすこぶる良い。三つの階段によってつくられる地表面から屋根上の物見台までの縦のルートは、建物内に気持ちの良い風の流れをつくり出すルートでもある。そのうえ、傘のように張り出すコンクリートのスラブ下は、ここにしかない半屋外のスペースをつくって

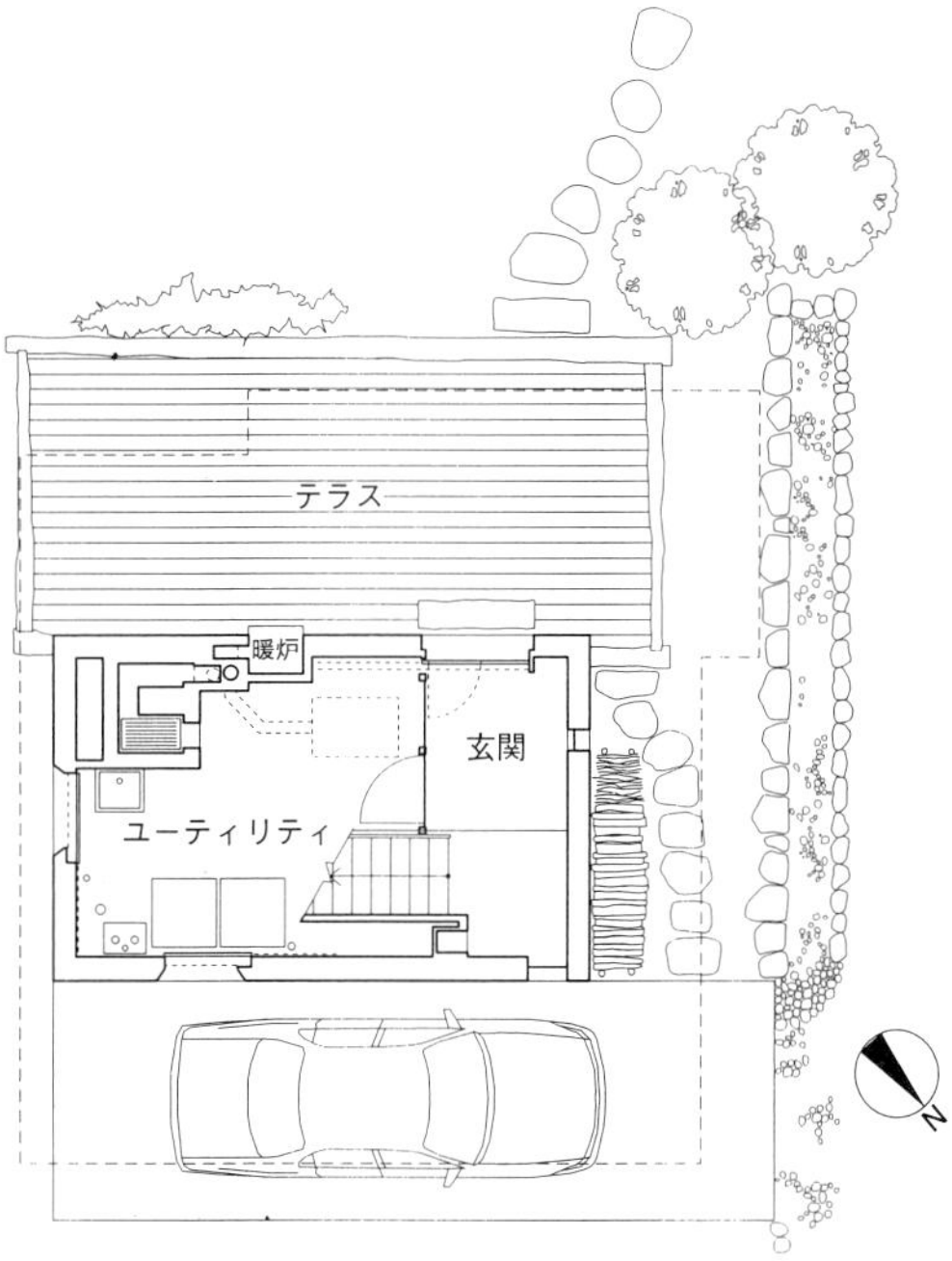

軽井沢の山荘・1階平面図（S=1: 150）

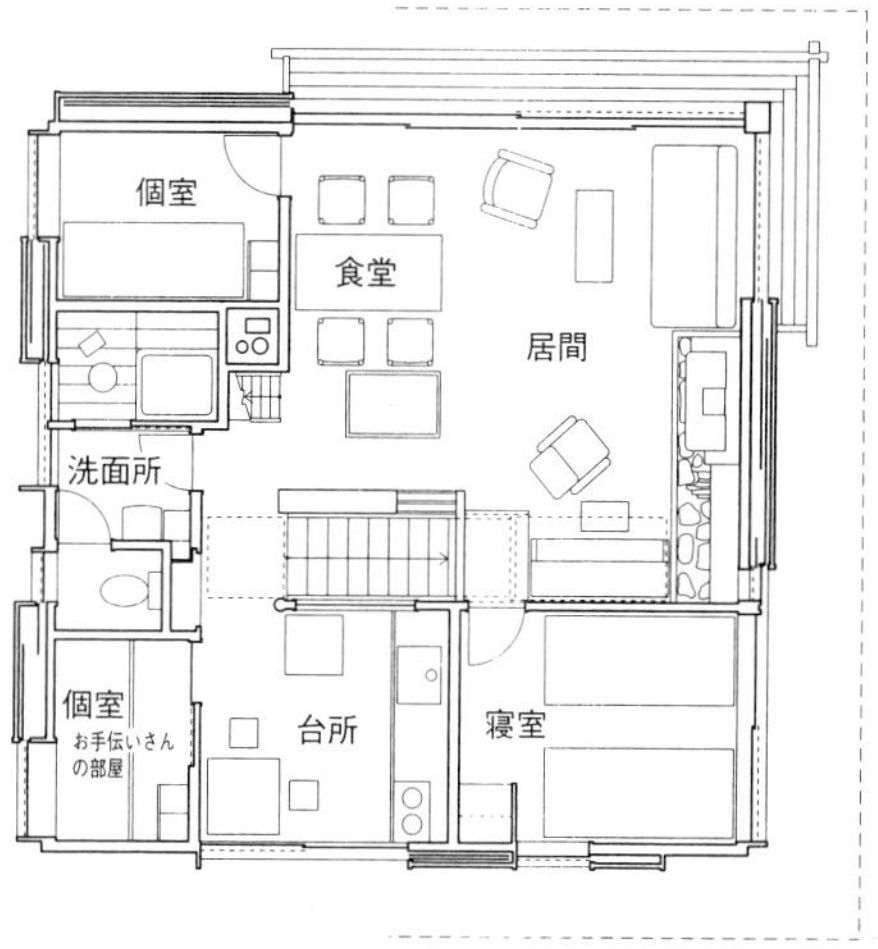

軽井沢の山荘・2階平面図

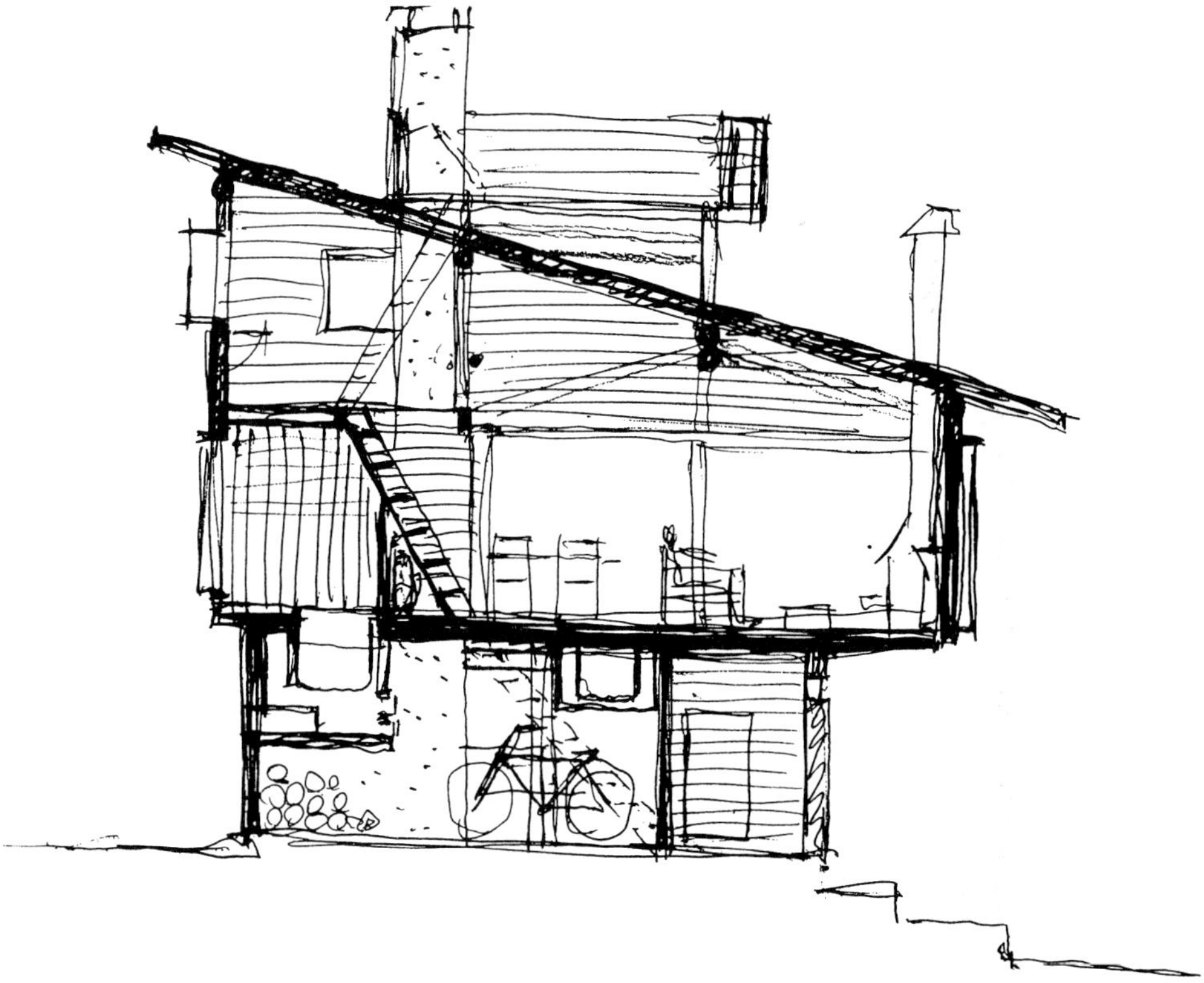

右頁／軽井沢の山荘

軽井沢の山荘・居間

いて、ここにも小さな暖炉が設《しつら》えてある。まさにバーベキューパーティーやたくさんの来客の対応に最適な戸外スペースだ。他にも二階の床のレベルで上下に区画する水平の建具の仕掛けもおもしろいが、これも冬の気流を止めるための合理だ。

このように工夫は架構にとどまらない。建物の内外を区画する下見板の裏側全面には、気密を確保するためブリキ板が張られている。まるで茶箱のような構造だ。気密シートというものが存在していなかった時代の工夫だが、コンクリート床の上の浅間山の火山砂利とともに、当時すでに住宅の断熱性と気密性を大きなテーマとしていたことに感心させられる。軽井沢の別荘の竣工は、断熱材としての発泡スチロールがやっと市販されはじめた頃と一致していて、ブリキの内側に詰められている。床の断熱材としての火山砂利の利用は、どの程度の効果があったのか、幾分気にはなる。コンクリート・スラブの下は一部を除いて外気に面していて、断熱を最も考える必要のある個所といえそうだからだ。

しかし、建築における温熱的な領域への興味や意識がそれほどない当時、軽井沢でのこうした工夫や自宅の浴室の床を立て込んだビール瓶によって保温断熱したりした彼の工夫の意図をとても大切なものと思う。

こうした快適と合理のための既存の技術手法が存在しない中での工夫の意図、それは改めてここでいうまでもなく、温熱のことにのみあるのではない。自宅二階の床版の話で触れた金属の転び止めは、実は荷造り用テープの流用だ。吉村先生の設計では、建材と思えないものが、時として建材に化けている。

■■気持ちの良さを支える技術と体験

ここまでのことから、先生の言葉として宣伝される「建築は気持ちの良いものであるべきである」という意味が、単に視覚や感覚にかかわるものだけでないことは、いうまでもないだろう。

創作を支える技術がいかに合理的に構築されているか、「気持ちの良さをつくる専門家」として、誰よりもどれほど「独自の気持ちの良さ」を知っているか、それこそが大切であると、彼はいっていたのだと思う。

「設備の大切さ」を吉村先生は、よく話してくれた。「こうした設備があって初めてこのプランは成立するんだ。一体のものだよ」と。設備システムや機器にまで至る先生の独自の工夫は、そうしたものの好事例だろう。

オイルファーネスを熱源とし、デッキプレートの穴を温風のルートとする温風パネルヒーティングは、河口湖の家、軽井沢の脇田邸などで試みられた独自の手法である。この工夫は、間けつ的に建物が使用される別荘には、温水パネルヒーティングが暖房の立ち上がりの遅さや凍結による配管類の破損の心配などから使用することが難しいために考案されたものだ。問題ごとのアプリケーションを柔軟に求める、まさに吉村先生らしい試みだといえる。この温風パネルヒーティングは自邸にも採用され、先生は実地にその環境を体感されてもいる。

韓国のオンドルの話を先生から聞いたことがある。建築科の学生になる前の中学時代、先生が朝鮮半島、中国大陸へ旅行をしたときの話だ。きっとそうした青年期の経験の中に、体感として確信するものがあったのではないかと思う。それが先生の温熱、設備に対する興味の一つの核ではないかと思う。

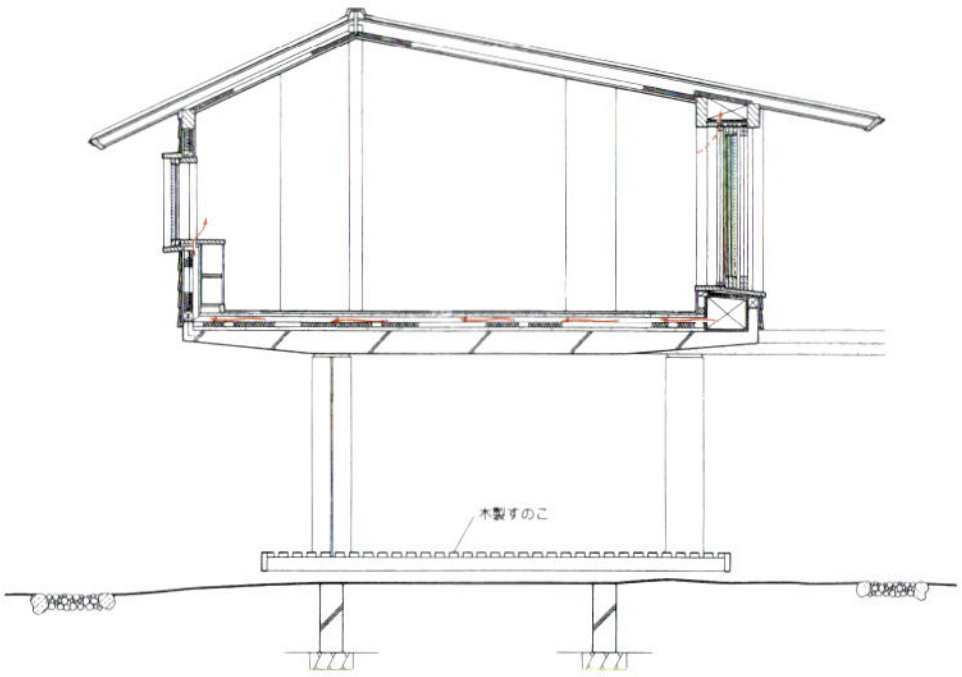

脇田邸の断面図
居間を暖める暖気の供給は南側の窓台下を利用し、そこからデッキプレートを通して床下を暖め、北側の窓下から室内に導入している。室内に入った暖気は南側の障子溝を利用した隙間から機械室に戻るようになっている。

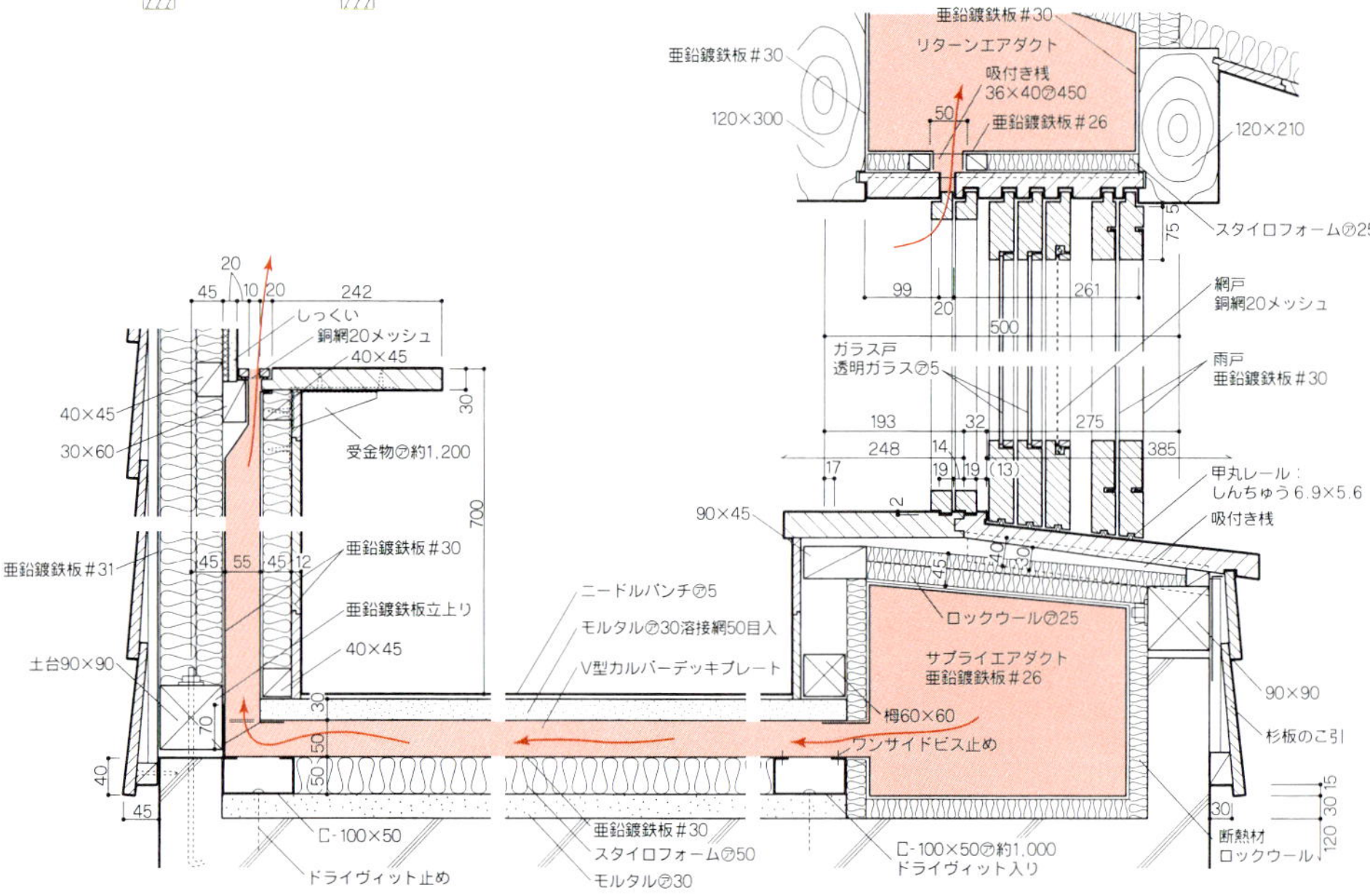

脇田邸のダクト詳細

建築を考えるとき、こうした体感、「独自の気持ち良さを知ること」が、いかに大切なことであるかを思い知る。

■■ 合理的な寸法

合理的に考えるということは、問題をなるべく偏見なく考えるということかもしれない。偏見には合理的な根拠を持たない前提、つまり無自覚な風習や習慣といったものが含まれるのだろう。それらの中には、ある時期まで一定の合理を確かに持っていたものもあるはずだ。これらを一から考えることは、そう簡単なことではない。

僕たちは畳の寸法を感覚で知っている。六畳間の広さ、四畳半の広さを体が知っている。こうした仕組みで住まいを標準化した歴史を持つ国は、わが国だけなのではないかともいわれる。素人でも間取りを簡単に描いて見せることができるのは、こうした伝統の上のことだ。しかし、それを疑うことの意味もないわけではない。もともとの一間も関西では柱の寸法を除いた寸法であり、関東の一間と一〇センチメートル以上異なっているし、団地

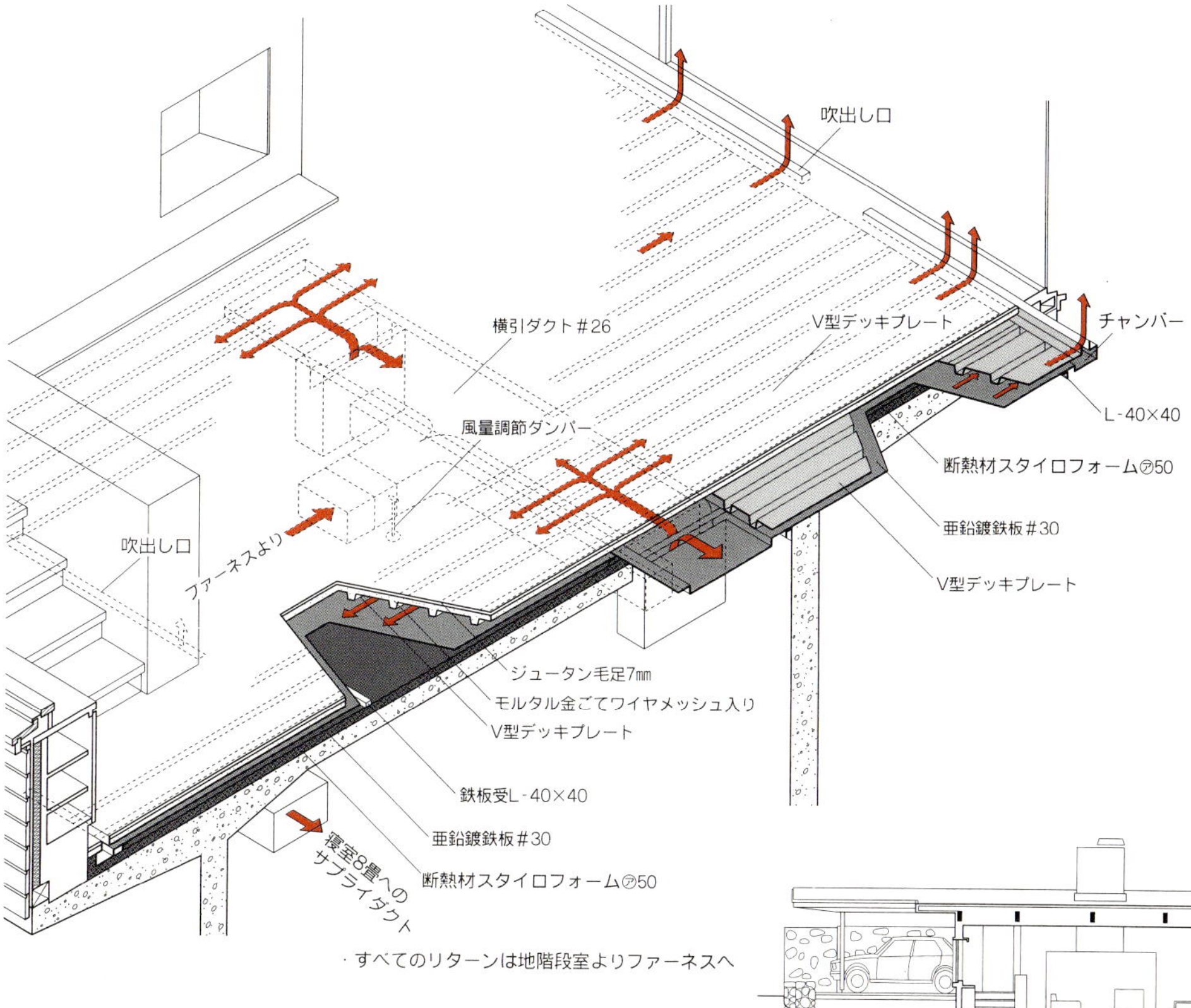

亀倉邸の居間部分の床暖房の仕組み

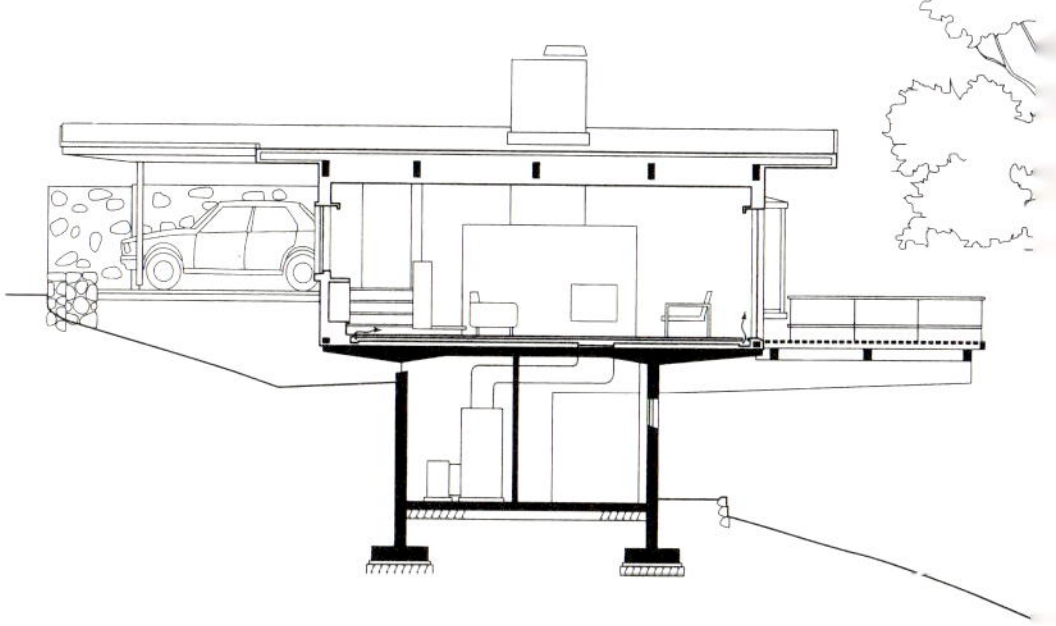

亀倉邸の断面図

サイズといった極端に小さな一間もあった。また車椅子利用などバリアフリーの面から室内をゆったりつくるために、九〇センチメートルをやめ、一メートルや一・二メートルを基準にする試みも出てきた。ふとんを敷いて寝る部屋としてちょうどいい広さの基準が、ベッドを置くのに適しているとは必ずしもいえないのだ。

残念ながらすでに取り壊されてしまったが、池田山の家というとてもいい住宅があった。この住宅は、三間（五・四メートル）をおよそ六等分した一・〇八メートルを基準とする、ちょっと変わったモジュールになっていた。そしてこれがそのまま格子状の梁に重なり、左頁の平面図（赤線が格子状梁）に見るように、それらのうちプランを邪魔しないところに、適宜構造のための壁が設けてあった。

コンクリートの建築では、壁の厚さがどうしても木造のようにはいかない。木造で九〇センチメートルの格子がいいとすると、コンクリート造ではそれより一八センチメートルほど大きい格子がいいと、先生は考えたのかもしれない。プランに最適なモジュールの発見が、この住宅の室内・室外の端正な環境をつくっているといえるだろう。

格子の工夫は軽井沢の別荘にもある。この建築は先ほども触れたが、七・二メートル角の広さのものだ。ちょっと脇にそれるが、チャールズ・ムーアというアメリカの建築家がいた。彼の代表作であるシーランチ・コンドミニアムの彼自身の家も七・二メートル角のプランになっている。来日の折、軽井沢の別荘を訪れ、強い印象を持ったことが、下敷きになっているといわれている。七・二メートルとは尺貫法でいう四間、九〇センチモジュールでは八グリッド（三尺×八）ということになる。しかし軽井沢の家で、吉村先生は六〇センチ（二尺）をモジュールとして設計している。二尺×一二の格子を基準にしているということだ。別荘であることが可能としていることでもあろうが、すべてこのモジュールにしたがっている。子供の部屋は三×四グリッド、畳の広さでいうと三畳を切る。この中にベッドと物入れが見事に収まっている。

先に述べた二・四メートルの建具二枚による四・八メートルの開口部も、実はこのグリッドにしたがっていることがわかるだろう。一六坪、五〇平方メートルほどの小住宅が、

池田山の家・居間

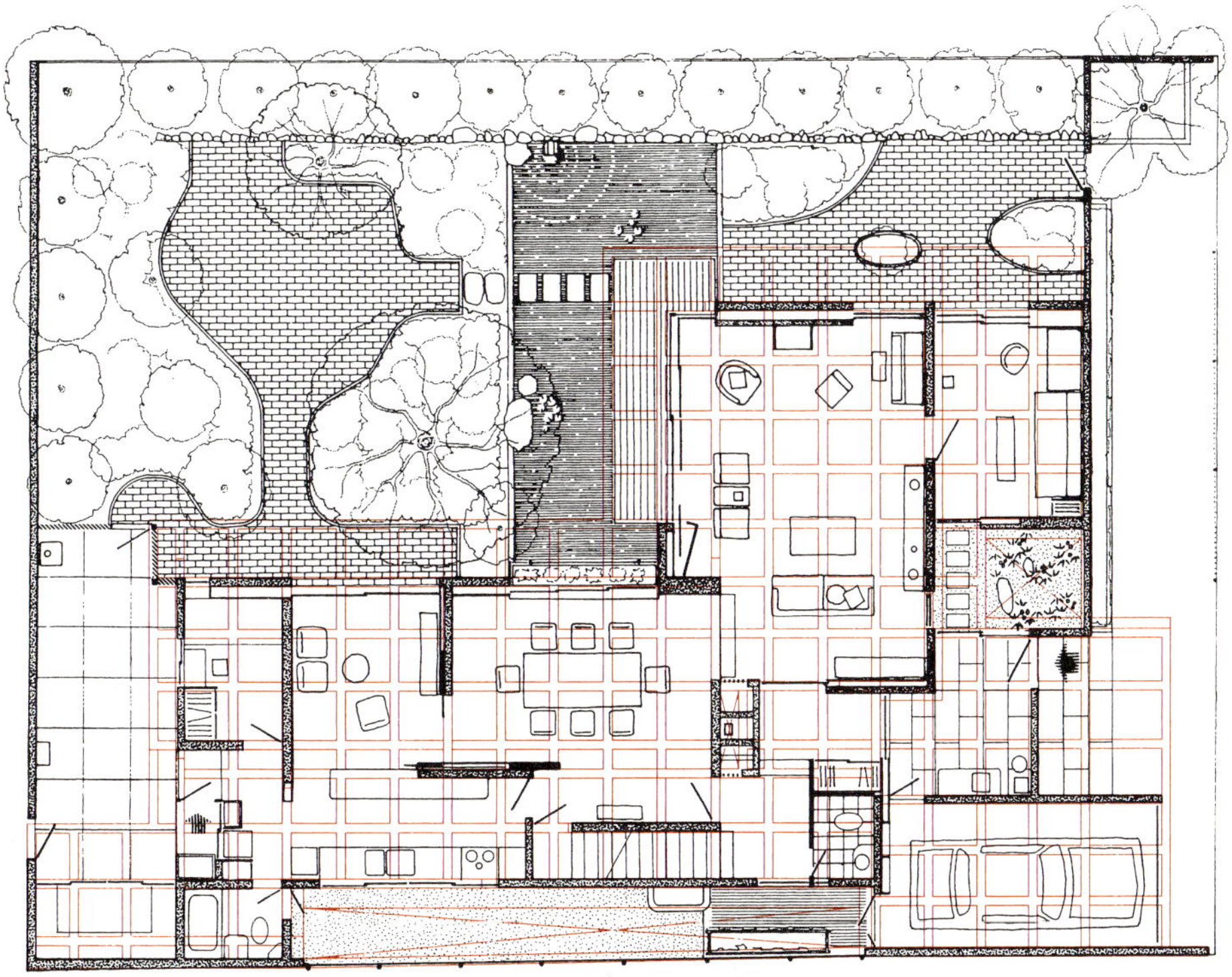

池田山の家・1階平面図（S=1: 200）

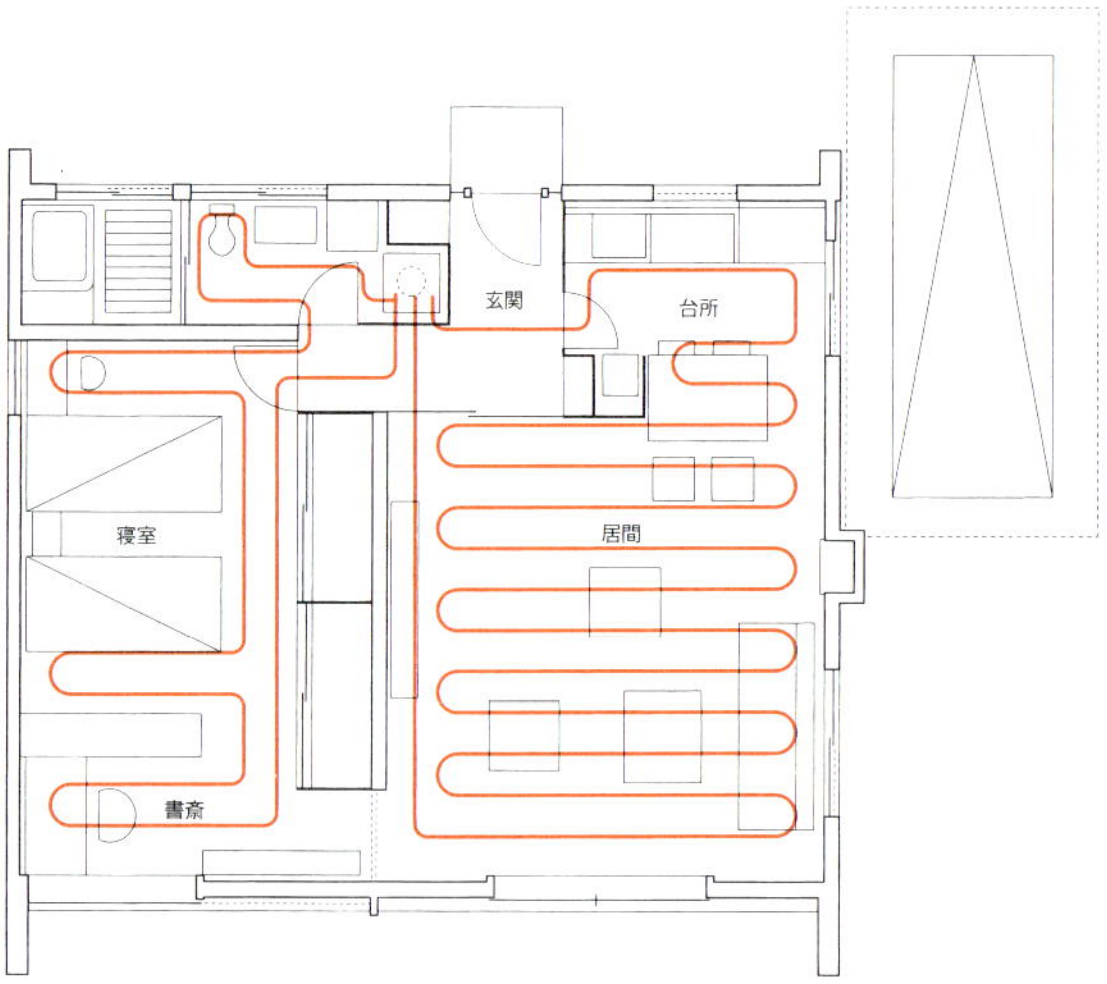

宮本邸の平面

宮本邸外観　小さなコンクリート造のローコスト住宅ながら全室床暖房が装備されている。

これほどの密度と豊かさ、そして広がりさえ持つのは、こうした確信にみちた冒険があってのことといえるだろう。

■■小さな住宅

吉村先生の建築は、それほど豪邸でない小さな、しかもローコストな住宅で、その魅力を知るのがいい。

「最小限の住宅に興味がある。新宮殿を設計をするのは、現在可能な最大の住宅を設計することが、最小の住宅の設計に役立つと思うからだ」と、先生自身いっていた。新宮殿は不幸な事態となり、途中で設計から手を引くことになるのだから、この説明は文面のまま受けとるべきものなのかどうか、僕にはわからないけれど。

先生の設計による住宅の中で、最も小さくローコストなのが宮本邸だろう。わずか五三・五平方メートルのこの住宅は、コンクリート造の平屋である。東西の壁と水平の屋根からなるトンネル型のコンクリート架構を基本としている。そして構造としての内壁の位置と量を最小にとどめ、音の問題に支障のない間仕切りの壁は合板一枚のみでつくり、余分な厚みをとらず、室内の面積を確保、建具の数も最小に抑えている。

そうしながら、この住宅は温水パネルヒーティングを備えて、それもベッドの下にあたるところの配管はしないなど、徹底した資源使用の節減を図りながら、彼の考える快適な室内の実現をめざしている。

さらに彼の住宅の多くが備える暖炉は、この小住宅でさえ排除されることがない。

「ファイアプレイスは和室にとっての床の間の存在ほど大切なものではないかもしれないが……」と、いっていた先生の顔を思い出す。この住宅は今もあるのだろうか。

小さな住宅を考えるおもしろさとは、そこで解決すべき問題の難しさによっている。難しいからおもしろいのだ。人は生活する。それに伴う場や雑多な道具、装置がある。それらを理解し、解読し、それらを合理的に構成することが住宅の設計であるとすれば、そのための最小の空間を模索することは、とても大きな冒険であるだろう。

そしてその難問へのトライアルは、実に多くの根拠によって正しい。今となっては、最小のコストによる最適な居住は、「サスティナブルな社会」にも通じるテーマでもある。

このことを裏返すと、新宮殿のような大きな住宅を合理的にデザインすることの難しさに思いが至る。大きいものには合理で説明不能な、いわば威嚇のための広さとでもいうべきものが介在するからだ。

吉村先生が新宮殿で苦闘したのは、彼のめざした「最大限住宅」としての新宮殿デザイン、すなわちすべての空間は、その使用目的にしたがってデザインされ、その結果、説明可能であるという合理性が、先方と相容れなかった結果であったのだろう。

戦後すぐMOMA（ニューヨーク近代美術館）は、その中庭に日本の住宅の展示を企画したが、吉村先生がそのデザインを担当した。それ以来、ロックフェラーは吉村をきわめて尊敬した人であった。ニューヨークにあるポカンティコヒルの家というロックフェラーの住宅は、吉村先生の設計した住宅の中で最大規模のものであるだろう。

この住宅のプランに建築家の林昌二さん[2]が寄せていたコメントがある。そこには「こんなに大きい住宅であると、往々にして何のためのスペースなのか、説明不能の場所があるものだ。しかし、この家はすべてのスペースが何の目的であるのか、図面から読み解くことができる。実に吉村さんらしい稀有な住宅である」という意味のことが書かれていた。

家具が描き込まれたロックフェラー邸のプランを読むと、そこで何がなされ、人々がどのようにこの住まいの中で動き回るかが、本当に手にとるように、はっきりわかるのだ。もちろん、これは吉村先生の設計したすべての住宅に当てはまることである。

先生は真正の合理の人だったのだと思う。

✦2
建築家。一九二八年東京都生まれ。大学では清家清に師事。日建設計に勤務し、事務所を代表する建築家として活躍。主な作品にポーラ五反田ビル、三愛ドリームセンター、パレスサイドビル、日本IBMビル、日本プレスセンタービルなど。

第3章

住宅と地球環境問題

インナークライメートのある暮らし

人は何のために家を建てるのだろう。あらためて考えるまでもない。雨、風、寒さ、暑さなどの生きることに不都合な気候から身を守るためだ。そのためにシェルターが、なによりも必要なのだ。もし単純なシェルターで、それが守られ、十分快適であるなら、それで十分なのだ。

ハワイに初めて行ったインテリアデザイナーの友人が、「ハワイはいいところだ。このように建具がいらないところはうらやましい」と話していたことを思い出す。確かにハワイのような気候のところでは、屋根があって雨と日差しがしのげれば、建具さえ不要だろう。つまり雨と厳しい日射だけが生きることに不都合な気候で、人工的に温熱のコントロールをし、室内気候（インナークライメート）をつくる必要のない地域なのだ。太古、人類の文明が発生したとされる場所は、大略そうしたところではなかったのかと考える。

それではなぜ今日、人は温暖な地域だけに居住せず、ツンドラの永久凍土にまで住んでいるのだろうか。民族大移動の例にあるように、わざわざ北上し、北欧などの極寒の地域にまで足を伸ばしていったのだろうか。僕はそうした地域に旅をした折などに、よくそのことを考える。

僕なりの仮説はこうだ。暖かい地域というのは、人だけが過ごしやすいわけではない。その他の多彩な生き物にとっても住みやすいことはいうまでもない。ペスト、チフスのような恐ろしい伝染病を蔓延させる細菌にとっても居心地がいいということだ。そうした病気の恐怖から北へ北へと逃げ移っていったということも寒い地域に住むようになった一因だったのではないか。

ローマの水道などの膨大な都市整備は、都市を病気の蔓延から守るための清潔な環境の維持が目的であったと聞くし、近代になって大都市化の進んだロンドンでの伝染病の蔓延などは、いかにこうした脅威が長く人類を苦しめ、人類がその対応に腐心してきたかを物語っている。おそらく歴史に記録をとどめぬ多くの病原菌などによる壊滅的被害があちこちにあったのだろう。人はそれらから追われ移動をした。もちろん人は火を扱うことができた。それによって、北に上がることができたことは、たぶんまちがいのないことだろう。

そうした彼らのシェルターは、建具をも必要としない常夏の地域のシェルターではもちろんなく、火による熱ができるだけ外に逃げていかないような厳重なものであったはずである。そこに人工の室内気候が生まれたのである。

フィンランドにアルバー・アールト[✦1]という建築家がいた。とてもいい仕事をした建築家だ。彼はたくさんの住宅、たくさんの公共建築を設計したが、彼の設計した建築には庇がほとんどなく、しかも木の窓枠、木の外壁のものも多い。それにもかかわらず、それらが建設から八〇年近くも経っているというのに、それほど傷んでいない。フィンランドの寒さと低い湿度は、木材すら腐食させない。高温多湿の夏を持つわが国との違いは、驚くばかりだ。

お隣りスウェーデンの首都ストックホルムには、僕の敬愛するラルフ・アースキン[✦2]の自邸がある。厚さ三〇センチの軽量コンクリート版による架構、その上に鉄板波板の大きな置き屋根が載っている。軽量コンクリート版とタイビーム（つなぎ梁）の架構は、それ自体十分な熱的性能をも持っていて、置き屋根は雨や雪を遮り、さらに太陽の直射で架構が過度に暖まることを防いでいる。実に理にかなった住宅だ。そして、このシンプルなシェルターには二本の煙突が出ていて、ハイテクのヒーティング・システムのためのボイラーのものと火を見ることを楽しむための暖炉のもの、つまりそれらはここに新しい火と懐かし

✦1
フィンランドの建築家。材料の質感を尊重し、空間や形態を有機的に処理する個性的な建築のほか、ヘルシンキセンター計画など都市計画・地域計画も数多く手がけ、また成形合板による量産家具をいち早くつくるなど多方面で活躍した。

✦2
建築家。一九一四年、ロンドンに生まれるが、生涯のほとんどをスウェーデンで暮らす。代表作は「バイカー再開発」。彼はこの一万人規模の建て替え計画において、住民参加の方法と建築の役割について新たな問題を投げかけた。

ラルフ・アースキン邸

ラルフ・アースキン邸内部

い火の両方が装備されていることを示している。

このように生存の条件としてインナークライメートを必要とする今日の北方の住宅では、シェルターの考え方も暖房の方法も温暖な地域で一般に考えられているものとはずいぶん違っている。室内の温度は一定で、どこにいても寒さを感じないし、日本で見かけるような暖房器具を見かけることもない。窓際に小さな補助熱源があるだけだ。壁には小さな穴が二つあいていて、熱交換型の換気装置につながっており、室内空気も換気装置で交換される以外は動かないという穏やかな室内環境になっている。熱源は一年を通して稼動し、決して室温が二〇℃を下回ることがないように運転されている。間けつ運転を前提とするストーブやエアコンの側のように、暑さ寒さが極端で不快だったり、窓際が冷気で寒いということはないのだ。

僕は十数年前に北海道に住宅を見に行ったことがある。その折、北海道の建築家たちが断熱・蓄熱の考え方を上手に住宅設計に生かしており、それが彼らが東京ではなく北欧を向いて、自分たちの風土と共通するものをどん欲に求めた結果でもあることを知って、とても感心したことを今でも新鮮に憶えている。

彼らはコンクリート・ブロックなどの蓄熱性能のよい素材を室内側に使っていた。コンクリート・ブロックの外側をしっかり断熱し、その外に外壁を施すことで、室内の空気温度が外気に影響されてバタバタと変動することを抑えていた。そうした性能を持った住宅では、暖房費は東京と比べても少ないくらいで、仮に暖房消費量が同じだとしても、それによって得られる室内環境はずっと穏やかで快適なものであった。

全室の室温が一定であるということは、暖房をしてある限られた部屋に人を閉じこめない。窓際がそれほど寒くないから室内を窓際まで広く使えるということを経験したのもこのときの北海道であった。

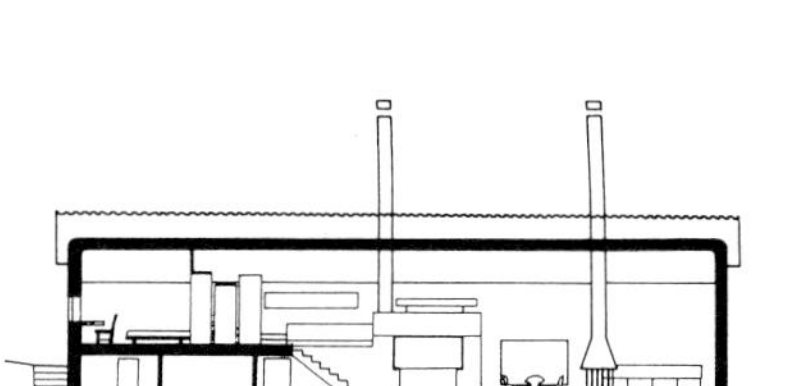
ラルフ・アースキン邸・断面図

北海道のコンクリート二重積み住宅。構造的なブロックの外側に厚い断熱材を入れ、その外側にもう一重のブロックを積んでいる（設計＝圓山彬雄）。

コンクリート二重積み住宅の室内。真冬でも小さな熱源で家中が穏やかに暖かい。

僕が自宅を建てるときに、コンクリート・ブロックを室内のあちこちに使ったり、木製のペアガラス入りの建具を使ったのも、このときの経験によっている。こうした考えの住まいは、室内の物の温度と空気の温度が極めて近い。だから一時的に換気や出入りで外気が進入しても、それを物に溜まっている熱が補い、平準にする。窓を開け、冷たい外気に触れることまでが楽しみになる住まいだ。蓄熱量のほとんどない住まいでは、空気を暖めることだけに熱源が使われることになる。こうした住まいでは、空気の温度と壁の温度が違うから、窓を開けたりするとしばらく寒さを我慢しなくてはならない。この二つの環境はずいぶん違うだろうと思う。

パッシブ・クーリングという課題

日本は四季にめぐまれた国といわれる。これは見方を変えれば、厳しい冬と厳しい夏の両方を持つ国だということだ。寒さに対しては、火とシェルターで快適な環境をとりあえずつくることができる。それでは暑さをどうするのかということが次の問題になる。

熱帯などの暑く湿度の高い地域の住居というと、藁《わら》などの植物で葺いた比較的厚い屋根を持ち、地面から高く持ち上げられた簀《す》の子のような竹の床、植物で編んだすき間の多い壁の住まいを思い浮かべるだろう。厚い藁屋根で厳しい太陽の熱を遮り、できうる限りの通風をとる。これが夏型住居の原理といえるだろう。

建築家は地域の気候に合わせたちょうどいい仕組みを探すことをしなくてはならない。外部の気候を前提に、室内の気候をどうやったらほどよくコントロールできるかということを生活のスタイルのあり方も含めて考えたり提案することは、住宅を考える主要な部分であるといえる。

既存の外壁をそのまま壊さずに使い、室内側に二重壁を設けた北海道の住宅。まちの記憶を保存することにも大きく貢献している優れた例（設計＝小室雅伸）。

そうした提案をしたパイオニアに藤井厚二[3]という人がいる。京都・山崎の「聴竹居《ちょうちくきょ》」と名付けられた住宅は、彼の自宅であり、実験住宅だった。彼の著書『日本の住宅』は、科学的に気候や環境、そしてライフスタイルを分析しながら、それにちょうど合う建築を考える、そうした建築の考え方の日本におけるスタートの一つといえるだろう。

僕は聴竹居に数度訪問したことがあるけれど、うっそうとした木々に覆われた丘、そこに平屋のそれはある。床下や天井などに設けられた換気のためのいくつもの工夫、いす座とたたみ座の組み合わせによって高湿な環境から逃れる工夫など、いわば換気をテーマとしたパッシブ技術がそこには見られ、藤井の関心が高い湿度と高温の夏に向けられていることに気付く。夏型住居の原型のような住まいや藤井の工夫などを見ていると、今日の一般住宅は、この点ではこうした住まいより劣った性能しか持っていないことがわかる。

夏の鉄板屋根の温度を考えてみよう。歩けないほど熱い屋根を経験したことのある人も多いだろう。西日のあたる壁は発熱して五〇、六〇℃になることもある。室内をエアコンで冷やすと、屋外機の排熱が外気をさらに高いものにする。舗装され、地表の緑を剥ぎ取ったことによる都市の砂漠化が、気温を高いものにしているのだが、家はそれよりもさらに高い近傍の空気温度に包まれているともいえる。その空気が室内に入ってくるとたまらない。だから窓の開けられない室内はエアコンで冷やす。その排熱がまた家の外の空気をさらに温度の高いものにする。この悪循環が繰り返されている。

緑に覆われた大地は、植物の蒸発散によって周辺の空気温度より低い温度を保つ。そうした場所に敷地を定め、湿度の高く熱い夏を通風で凌《しの》ぐ。これが夏を旨とする究極のパッシブな住まい方だった。しかし今日のように都市化し、砂漠化した住環境の中では、このシステムは成立しにくい。環境のほうがどんどん悪くなっている中では、とても難しくなっている。排出物のことをエミッションというけれど、排熱は大きなエミッションの要素

✦3 京都帝国大学教授、建築家（一八八八―一九三八）。環境工学の立場から一連の実験住宅を建設し、自らの理論を検証、日本の気候風土と新しい生活様式の融合を実践した。その研究成果は『日本の住宅』（岩波書店）として出版された。

聴竹居（設計＝藤井厚二、1929 年）

寝室の肘掛け窓と床下の大きな換気口

夏の屋根面から室内に伝わる熱を
逃すために設けられた屋根裏の換気口

聴竹居の居室

天井の空気抜き

だ。環境に極力負荷をかけない、エミッションが極力ゼロに近い住宅とクーリングの方法を考えること、住まいと都市のメカニズムをそうした視点から考え直すことが、とても重要になってきている。

資源循環型社会の建築デザイン

今日の日本では、コンピュータ・シミュレーションによって、建てようとする建築の温熱的性能と各地の日射量などの気象データを計算することが可能で、ほとんどの地域で太陽エネルギーで基本的な室温を維持し、足りない分だけを石油エネルギーなどで補う手法が、すでに僕たちの手中にある。こうした技術をもっと開発し、実用のものとし、よりゼロエミッションな社会に近づける努力をしていかなければならない。

自然エネルギーの効率利用の大切さは、何よりそれが排熱や炭酸ガスの発生がないというところにある。大気中に降ってくる太陽エネルギーを一時的に迂回して僕たちの生活に利用することは、ゼロエミッションに近い熱利用であるといえる。太陽エネルギーなどの自然エネルギー利用がもっと効率よく行えれば、今問題になっている化石エネルギーによる問題は、かなりの部分が解決する。原子力発電は炭酸ガスの排出がないクリーンエネルギーだといわれるが、排熱のほうはたっぷり出ている。エネルギー効率としては三〇、四〇%しかない。残りの六〇、七〇%は、大量な熱という廃棄物を海水中や空気中に捨てていることになるのだ。

これからの資源循環型社会での住まいや建築を考えると、建物が発熱することで自分の室内環境に悪影響を与えるようなことがないように、屋上緑化[4]や外断熱化をするということが最初に考えられるだろう。シェルターとしての性能をまず上げるということだ。その

◆4
室内の温度変化を和らげるために屋根上に土を敷き、植物を植える方法。ドイツなどでは広く普及している。特に夏のクーリングに効果的で、最近ではメンテナンスの容易な方法も開発されつつあり、国内でもヒートアイランド現象の緩和や生物バランスの回復などから注目を浴びている。

うえで、パッシブ・ソーラーシステムなどの自然エネルギーの有効利用によって、石油エネルギーなどの資源の使用を極力抑え、排熱を少なくすることを考えなければならない。

ヨーロッパでの自然エネルギー利用は、太陽電池などのハイテク技術を含め、太陽の高度が低く効率がさほど良いとはいえないドイツや北欧でも多彩に取り組まれている。ドイツの都市フライブルグでは、サッカースタジアムやビール工場の屋根や高層建築の壁面に、大量の太陽電池が設置されているし、オランダでは団地の全戸に太陽電池を設置しているところもある。ノルウェーの電力の一〇%以上は、風力を主力とする自然エネルギーによっているといわれるし、バイオマスなどその他の資源活用にも自治体レベルから個人レベルにいたるまで、実に多彩に一生懸命取り組まれている。社会や行政、企業が、こうした取り組みに積極的で、そうした仕組みを誘導する助成、組織づくりが活発に行われている。

エネルギー利用を効率化することによって、排熱という負のエネルギーを減らそうとする努力や知恵は、実におもしろい分野で、実効が確認しやすい。例えば、市内のゴミ発電所の排熱を利用して給湯することでの効率向上など、楽しいケチの工夫は実に参考になる。個々の住まいや建築を超えて建物を社会のものとして考えてみること、つまり建物と地域を一体的に考えることは、日本でもこれからとても重要であり、またおもしろい分野になるだろうと思う。

資源循環型の社会の中での住まいや建築は、三つの段階に応じたデザインが求められる。まず建物の生産段階での考え方、次に使用されている間の考え方、そして建物の寿命が尽きて廃棄されるときの考え方だ。それぞれの段階での資源使用量が問われている。個人の住宅であっても、住宅を社会的な資源循環的なものとしてデザインすることが、求められているということだ。そのためには、まず建物の寿命を延ばすこと、一度つくったものは長く使うことが何より大切だ。

住宅の生産を資源循環型にしていくこともこれからの大きなテーマだ。いうまでもなく住宅をつくることは一種の経済活動だ。住宅の寿命を三倍にするということは、生産を三分の一に下げるということに近い。そのうえ急激な少子化もすでにはじまっているということは、新築する住宅の数は今よりずっと少なくていいということになる。住宅を取り巻く社会の仕組み、制度、環境が大きく変わりつつあるということがわかると思う。

住宅を長く使い続けること、一〇〇年、あるいはそれ以上の長い期間にわたり使っていこうとなると、住宅をつくるための技術や使い続けるための考え方は、方向を大きく変える必要がある。古い住宅を再生したり、再利用したり、住宅以外の用途であった建物、例えばオフィスビルを住宅に転用したりすることが、建築家や建設会社、工務店の主要な仕事の一つになってくる。当然、建物や設計に対する考え方も大きく変わってくる。

オープン・ビルディング・システムと呼ばれる建築の考え方がある。建築の寿命とひとくちにいっても、建築のどこの部分も一〇〇年持たなければならないわけではないことは、少し考えれば理解できるだろう。小さな電気部品のように大量生産ができる部分は、短命でリサイクルの効率を上げることを考えたほうが得策だ。室内の間仕切りや家具のように、家族の成長によってフレキシブルに可変できたほうが便利な部分もある。だから建築を構成する部分を長期寿命のサポート部分と短期寿命のインフィル部分に分けて構成し、全体として資源循環型の建築システムをつくろうとする考え方だ。

サポート部分は一〇〇年以上、インフィル部分はもっと短く、家族単位で変わるかもしれない。この考え方には、実はサポート、インフィルの上に、アーバン・ティッシュというもっと大きなスケールがある。アーバン・ティッシュ、サポート、インフィルの三段階だ。ティッシュは編み目、織物といった意味だから、アーバン・ティッシュは、都市の編み目、つまり道路、緑地、公園、エネルギー供給基地などのインフラのことだ。これらの相互連関する機能を考えることなしに、建築は考えることができない。

先に清家先生の住宅の話の中で、「架構」と「舗設」について述べたけれど、オープン・ビルディング・システムの考え方ときわめて近い考え方のように思う。そんなふうに理解しながら、僕たちは建築を長持ちさせていくということを考えようとしているわけだ。

サスティナブル・デザインの意味

最近、サスティナブル（sustainable）・デザインという言葉が、建築の世界では使われることがある。サスティナブル・デザインは、日本語では「持続可能なデザイン」と訳されている。「持続可能な」というと、耐久性の高いもの、黙っていても一〇〇年持つというようなタフなものをイメージするかもしれない。柱を太くしようとか、地震でも壊れないようなイメージだ。しかし、これであっては資源をたくさん使うことになってしまう。サスティナブルというのは、むしろその反対の考え方をいう。資源使用量の少ない、つまり小さくて軽い建物を維持管理しながら長く持たせるというイメージだ。

一〇〇年持つが、最初に建物をつくるときの資源使用量が三倍あるというものは、サスティナブルとは呼ばない。少ない資源使用量でつくる、維持管理する、修繕する、再生する、用途変更する。そういうことをしながら壊さずに使っていくこと、それをサスティナブル・デザインという。

これに対して、押しても引いても壊れないタフなものをデュラブル（durable）という。デュラブルはジュラルミン（duralumin）という合金の語源だそうだ。

ところで、僕の先生世代の人たちの建築運動に、メタボリズム[✦5]というものがあった。メタボリズムというのは、生物学で新陳代謝を意味する言葉を語源にしていて、彼らは建築

✦5
一九六〇年代に展開された建築運動で、名前の由来は「新陳代謝」。一九六〇年に東京で「世界デザイン会議」が開催されたのを機に創設され、メンバーには菊竹清訓、黒川紀章、浅田孝、川添登、栄久庵憲司、粟津潔が名を連ね、同時に出版された『METABOLISM／1960』には、「塔状都市」「海上都市」「新宿ターミナル再開発計画」などのプロジェクトが収録されている。東京オリンピックと大阪万博を頂点とし、多くの計画は実行されないままに終わった。しかし、メンバーの師に当たる丹下健三の思想の流れを受けた「建築や都市は閉じた機械であってはならず、新陳代謝を通じて成長する有機体であらねばならない」という運動の理念は、日本初の国際的な建築運動として、多くの建築家に影響を与えた。

を新陳代謝するものとしてとらえ、建物がつけ加えられたり、取り外せたりすることを考えた世代だった。メタボリズムの建築家たちが考えたことは、不十分ではあったが、今日の予感を秘めていたものといえるのかもしれない。しかし、彼らは代謝の見えにくい部分、つまり廃棄物や限られた資源使用量、エネルギーの問題については、ほとんど考えることはなかった。いわば動脈部分だけを考え、裏側の静脈部分の代謝については、思考が届かなかったといえる。

国中に積み置かれた資源

資源循環型の社会では、動脈部分以上に静脈部分のあり方が大きな問題になってくる。一戸の住宅がゴミになることを考えてみよう。

木造住宅は一戸平均して七、八〇トンの重さがあるといわれる。そのうち三〇、四〇トンが土間コンクリートや基礎のコンクリートだ。それらを壊して再生資源としての砕石をつくり、路床の下に敷く。しかし、壊して砕石状にするのに必要なエネルギー使用量がきわめて大きく、同量のコンクリートを打つのと同じぐらい必要であるといわれている。しかも再生されたものの価値は、決して高いものにならない。コンクリートを短期で使い捨てることは、どう工夫しても納得のいくものにならないのだ。だからコンクリートでつくったものは、「サポート」であると考え、目的用途を変えながら、その建物を転用するなどして使いつづけていくほかない。

土間のコンクリートまで全部壊して、また新たに以前と同じような土間コンを打つというのは知恵がないことだ。僕たちは考えを変える必要がある。住宅や建築をゼロから一ができる新築だけと考えずに、〇・五から一ができる、あるいはすでにある一を再利用してまた一として使う、そういうふうにも考える。そうすると、それにともなって新しい技術や建築を計画する知恵が必要になってくるはずだ。

戦後の日本はとても急激な経済発展をした。ビクトリア時代のイギリスと比べられるくらいかもしれないと僕は考えている。ビクトリア時代のイギリスは、植民地を利用しながら巨大な経済活動をする。その結果、極端な乱開発が起きた。そうした「負の成果」の結果、それへの反省に伴う制度や仕組みが考え出された。ナショナルトラスト✦6はその一つだ。国土の景観や風景を維持することについてのコンセンサスが生まれたわけだ。

イギリスが豊かだった時代の成果としてのナショナルトラストや大英博物館のことを思うと、日本が急激に豊かさを獲得した戦後は、今の日本に何を残したのだろうか。

多少皮肉ないい方だが、僕は国中に積み置かれた「資源」ではないかと思っている。びっくりするようなたくさんのアルミニウムや鉄。それらがこの国の中に蓄積している。それらはアルミサッシになったり、道路の歩道橋になったりしてある。外国の風景にはアルミの窓はこんなにはないし、鉄の歩道橋もない。充実した博物館の代わりに、資源がこの国には山のように積んであるというイメージを僕は持つ。きれいな田園や谷戸に不法投棄され、あるいは合法的と称して積んである建築廃材を含め、日本は資源であふれている。

先に述べたことだけれど、僕が自宅を鉄骨でつくったのも、新たに鉄鉱石を鉄にするのではなく、むしろ鉄としてもうすでに存在している資源、過去に熔鉱炉で大量に化石燃料を使い、炭酸ガスを排出してつくられた貴重な資源としての鉄が、目の前に存在しているというイメージがあったからだ。

資源といえば、この国のいちばんポピュラーな建築資材は木材だ。僕もたくさんの木造建築を設計している。最近は「近くの山の木で家をつくる運動」✦7など、木造建築の再評価、木構造の見直しなども進んでいる。木材はその生長が安定し、炭酸ガスの吸着量がある限

✦6
創立は一八九四年。もともとはイギリスのある不動産業者が海岸線を買い占め環境を破壊していくことを憂えた、弁護士、元看護婦、牧師の三人の市民が、その土地を買い取る運動をはじめたことから発足し、やがて自然美や歴史的由緒ある建造物を保存するための財団へと発展した。現在では全世界規模で同様の運動が行われている。

✦7
今日の日本の森林と林業の困難な問題と住まいづくりに接点を見出し、林業家とのネットワークを通して住まいづくりを行っているグループが日本各地にある。「NPO緑の列島ネットワーク」が提唱する「近くの山の木で家をつくる運動」もその一つである。呼びかけには林業家や工務店、建築家、大学教授、ジャーナリストなど様々な分野の人が賛同している。

界に達して植物として成熟するのに七〇、八〇年かかるといわれている。そうした木を伐ると、非常に癖がない建材として優れたものになる。だから八〇年くらいのサイクルで森を循環させると、非常に状態のいい森林利用ということになる。だから森を賢く使いながら近くの山の木で家をつくるというときには、住宅寿命が八〇年以上であることが理想だろうと思う。

しかし日本の木造住宅の現状はどうだろう。資材の九〇%以上を外国材に頼り、しかもその建築寿命が二五年だということでは、木造だから自然志向で環境にやさしいなどといっているわけには必ずしもいかない。諸外国の三倍ものスピードで木造住宅を消費し、それを外国の木材に頼っているわけだから地球環境の負荷としても大きな問題のはずだ。

豊かな「貧しさ」のほうへ

地球環境とエネルギーの研究をしている友人の槌屋治紀さんが、最近新聞に書いていた記事の中に、人間一人当たりの平均のエネルギー使用量が炭酸ガス換算で一人当たり一人力だった時代の約一〇倍になっているという記事があった。今、地球には六〇億人が暮らしていて、そのために機械が動いたり、船が動いたり、電車が動いたりしている。こうしたわれわれの利便のための活動を換算すると、地球上で六〇〇億人ぐらいがひしめいている勘定になるという。アメリカ人は一人で五〇人分使っている。昔でいえば、一人で五〇人の奴隷を使っていることになる。これは相当な王様だ。日本人も二五人くらいの子分を抱えているというから平均の倍以上だ。

われわれは豊かな人なのだ。豊かな人が「貧しさ」を意図的に自分で引き受け、シンプルライフを引き受けていくことをしていかないと、何かかっこが悪い、そうした社会を僕は思う。ただし、ここでいう貧しさは我慢を引き受けていくということではなくて、資源使用量だけを貧しくしていく。これは可能だろうと思う。例えばティッシュで洟《はな》をかまなくたってハンカチで洟をかんで洗っても、貧しくなったりしないはずだ。

慣れているものを意図的に考え直してみることが大切だ。暖房も太陽エネルギーを利用すれば我慢することにならない。むしろ快適な生活になる。エネルギー使用量を下げることは、必ずしも貧乏くさくなったりはしない。意図的にケチになるということだ。それによってできた原資で、自分自身がより社会貢献ができる、あるいは人にもそのことについて知ってもらえるようなアクションがとれると、さらにいい。

例えばフライブルグの市民がしているように、工場の屋根を借り、その上にみんなのファンドで太陽電池を並べる。ノルウェーの農家の藁葺き屋根は、都会の人のファンドで、その風景が残るように維持されているという。そのように風景を守るために、あるいはエネルギーの供給のかたちを変えていくために、使ういくばくかの金を、僕たちは楽しみとして捻出できるのではないかと思う。

それによる共感、楽しみを僕たちが持つと、住宅も大きく変わっていくことだろう。

つくる知恵と住まう知恵

■■欧米に比べ極端に短い「住宅寿命」

少し頭をめぐらせて、仮に一〇〇年前くらいの日本人を考えてみよう。その時代の人々は、どのような住まいに住んでいたのだろうか。たぶん彼は、彼の父や母、または祖父や祖母、ひょっとしたら曾祖父や曾祖母の時代に建てられた家に生まれ、そこに今日もゆっくりと住んでいると想像できるのではないだろうか。

もちろん東京のような都市では、火災など災害も多く、一面が焼野原となったことも度々あり、その後に建つ比較的簡便な長持ちしにくい住宅に住む人々もたくさんいたのだろうが、しかしそれとても次の火災がないかぎり不便をしのんで使い続けられていたのではないかと想像する。

住宅というものはそうしたものであったのだ。もちろん経済力が大きくその理由となっているだろう。しかしそれだけではないように思われる。

住宅は第二の自然とでもいえるもの、いい方を変えれば「すでにそこにあるもの」として、人々の頭の中にあったのだろうと思う。ついこの間まで、家を新築することは数世代に一度の稀な出来事であったのだと思う。

目をよそに転じると、先進国、発展途上国

を問わず、住宅は今日もそうしたものとして考えられているように思える。僕たちが思い出すヨーロッパの風景の中の家々は、都市も田園も随分昔から変わらないもののように見えるものだ。そうした国々では、住宅の「寿命」は僕たちが見るとおりとても長いのだ。

統計によると、アメリカの住宅（ツーバイフォーという木造住宅が多くを占める）は築五〇年を経てもほぼそのすべてが健全に使われていて、一〇〇年を経てもその半分はきちんと使われている。そして、ヨーロッパの住宅の寿命は、アメリカのそれよりもさらに大分長いものであることもわかっている。

はたして今日の日本の住宅はどうだろう。先の統計は一九八七年の数字なので少し変化があるかもしれないが、五〇年を経て使われている住宅は三〇％ほどでしかない。別の住宅金融公庫の資料によれば、建て替え三割は築二〇年未満、三〇年未満で見るとなんと総数の八割にのぼっている。

その結果、平均的日本人は今日、生涯所得の三〇％という大きな金額を土地と家のためだけに使っているという結果となっているのだ。ヨーロッパやアメリカの人々の居住費は、たぶんそんなに大きい比率を所得の中に占めることはないだろう。

僕たちはいつの間にか習慣にしているこの「建て替え」について、もう少し真剣に考えなくてはならないのではないかと思う。

■■住宅を長持ちさせ、膨大な資源のムダを省く

「建て替え」について、僕たちはまずそれを地球規模の環境問題として考えなくてはならないだろう。僕たち地球市民の中で、一人日本人のみが住宅を二倍も三倍も消費することが許されることなのかという問いかけは、当然起きている。熱帯雨林の人々の声はそうしたものの一つだ。

日本の住宅は今日、木材などその大部分を輸入された資源によってつくられていることは、すでによく知られている。そして年間建設される住宅のほぼ半数が建て替えである。平均二〇年で壊されるそれらの住宅は、三〇坪の二階建てという平均的なもので七六トンの重量があるといわれているから、それらは一五〇万戸（年間建設戸数）×〇・五×七六ト

ン＝五七〇〇万トンという膨大なゴミとなっていることを忘れるわけにはいかない。

そのうえ今日の住宅はひとむかし前のものと比べ、塩化ビニールなどの処理しにくい材料が多く使われ、しかもそれが複合されたものとして分離しにくいかたちで使われている。だから簡単に焼却するわけにもいかないのだ。リサイクル可能なものはごく少ない。二〇年といえば、少し長持ちする電化製品といくらも変わらない寿命だ。七六トンは資源の重さでもある。

二〇年ごとの建て替えは、本当にそこでの快適な生活のための前提なのだろうか。そのための経済的負担は多くの場合、愛着がわく、長持ちする家具の購入をあきらめさせるだろうし、維持、管理など、より良く暮らすための手入れを怠らせるのではないか。ひょっとしたら庭の手入れさえも。

住まいを二倍、三倍の寿命として考えてみると、住まいの維持管理、改造・改修、家具、樹木や庭の手入れなどが視野の中に入ってくる。それは、二〇年ごとの建て替えの数分の一の費用で、住まいを少しずつ長続きする、落ち着きのあるものに変えていくはずだと思う。そして、その結果、最も今日と大きく変わるのは、まちの風景だろう。

樹木、庭の手入れが行き届き、風景は激変することはなく、ある時間の連続を持ち、少しずつよくなってゆく。あるいは守られてゆく。僕はそんな期待を抱く。「建て替え」による慌ただしい風景は、自分のことを考えるだけで精一杯の、僕たちのつくり出す風景なのだろう。

町並みが少しずつ悪くなってはいないか。いうまでもなく、住まいはまちづくりの重要な要素でもある。少なくとも家をつくるとき、私たちが「まちの中の家」としてそれを考えてみることは、私たちの家をより豊かにするための大切な視点であると思う。

■■ 室内気候を高める技術を使いこなす

住まいが長持ちし、その室内にゆったりとした時間を持つことができるためには、それが外界と様々に折り合いをつけてくれるものでなくてはならない。

雨を防ぎ、地震に強いことはもちろん、冬暖かく、夏も不快ではないこと。気の配られた内外の応答があること。そして空気が清浄であり、できることなら均一であること。そしてそれを運用するのに問題のない金額の運転費用しかかからないことなどが重要だろう。

そんな住まいがあれば、人々はそこに長く暮らしたいし、そこに自分たちの生活の記憶を少しずつ付け加えていくことになるのではないか。そうした家はきっと少しも浪費的ではなく、地球市民としての自信をも住み手に育てるものともなるはずだ。

日本列島は、南から北まで大変に長いため、その地域ごとの気候も大きく異なる。大陸との位置、黒潮の影響によりとても激しい気候の変化を持っているといわれる。緯度からいえば、イタリアからアフリカ大陸に相当するはずだが、冬には数メートルの積雪があるところから、夏はモンスーン地帯独特の厳しい湿度と暑さを持つところもある。

こうした気候の中で、快適な室内を獲得することは大変難しいといえる。しかし、寒い冬にナポリ並みの太陽があることは、とても大きなメリットでもある。ソーラーハウスの利用に、これほど適した地域はないのかもしれない。僕は太陽熱利用を住宅のレベルで積極的に試みながら、室内の「気候」[1]を考えることをはじめ、換気の重要さ、それから外と内を閉ざす技術の大切さを学んできた。

窓を開けて換気を図るだけでは冷気が侵入してしまい、答えとはいえない。直焚きのストーブによる暖房といった自ら二酸化炭素などを排出する熱源は、大きく問題になるのだと思う。シングルガラスのみの開口部（窓）は障子一枚だけの窓と同様の断熱性能しかないことを知らなくてはならないのだ。

性能の弱い窓や壁は、冬期には冷房機と同じ機能を果たす。また断熱のないコンクリート造の住まいは夏の夜に暑く、冬の昼に寒いこと、そしてその原因が蓄熱性能によることは、少しずつ知られるようになった。

そうした知恵を使いこなし、上手に設計することにより、より快適な室内をつくることが、今日できるようになっている。

■■「外」と「内」の調和を大切に

住宅とは外と内を区画する仕掛けであるといえる。内を外を違う「場所」とするために、

✦1 室内に気候という言葉を用いることは、なじみのないことかもしれない。空気の質、温度、風など外部と同様、室内のコンディションをそう呼ぶと考えてほしい。

まず区画する必要がある。例えば、外の音を区画し静かな内をつくるために、外の暑さと寒さを区画し、ほどよい温度の場所をつくるために、外の強風や雨、雪を防ぐために、また人の視線からプライバシーを守るために、などなど。

　しかし、気が付けば当然なことだが、区画とは外との関係を断ち切ることではない。僕たちは外との関係を完全に切ることはできない。むしろ「外を利用しながら内をつくること」と、いい換えなければいけないことに気付くべきだろう。

　ある目的のために外を切ると、別の目的が大きく損なわれる、そんなことが住まいにもたくさんある。例えば冬のことを考えて窓を少なくすると、春と秋の快適な風がつくる外と内の応答が阻害されてしまう。湿度の高い夏も過ごしにくくなるだろう。

　高断熱、高気密の住宅はややもすると、その目的の結果として、室内の空気を好ましくない状況にすることがある。高気密住宅の一〇畳ほどの寝室に夫婦が一夜過ごすと、翌朝には炭酸ガスの濃度が五〇〇〇ｐｐｍにもなっているとの報告もある。人間が部屋の中にいることが、室内を外とつなぐことを必要としているのだ。直火のストーブなどによる汚染は、当然人間の吐き出す炭酸ガスの量にとどまるものではない。

　昨今話題となっている化学物質過敏症✦2も高気密化された今日の住宅が引き起こすもう一つの問題である。合板、塩化ビニールなどの壁紙、ボード、接着剤などによってつくられる室内や、そこに置かれる家具は、ホルムアルデヒドなどの揮発性有機化学物質の発生源となっている。それらは特に暖房のシーズンや夏の暑いシーズンに揮発し、空気中に充満する。

　僕たちが求める維持管理に手間のかからない住まいは、それと取り引きするように、もう一つの問題を発生させているともいえる。結露する窓、押入れ内部のカビなども同様の問題をつくり出す。

　結露は学校で学んだように、空気中の水蒸気が温度差により水になる現象だから、市販の乾燥剤を押入れにいくつ入れても、温度差と湿度のどちらかが解消されないかぎり、片付かない問題であることはいうまでもない。

　また高気密な住宅で揮発する殺虫剤や燻霧《くんむ》

✦2
空気中に充満したホルムアルデヒド、有機リン系農薬、揮発性有機化合物などの有害な化学物質を一時的に大量に被爆するか、継続的に被爆して、脳・神経系にダメージを受け、その後超微量でも同様の化学物質に対して生理的な異常反応を起こす状態。症状は頭痛、吐き気など不定愁訴といわれる症状に似ていて見分けが付きにくい。特定の化学物質に過敏になることをきっかけに、他のものに対しても症状が出るようになることを多発性化学物質過敏症と呼び、重症の場合は日常生活も困難になる。

形の殺虫装置を使用することは、室内環境汚染を好んでつくり出すことにもなるのではないかと思う。

僕たちはたくさんの住まいをつくり続け、使い続けているが、思いの外、その性能について無頓着なのかもしれない。アルミの枠とシングルのガラスの開口部は、江戸時代の障子の性能よりほんのいくらか勝っているだけにすぎない。ただすき間が少し減っただけにすぎないともいえるのだ。

■■ 光と風を運ぶ庭に生け垣や樹木を

快適な空間は、外と上手に折り合いをつけることによって成立する。そうであれば、住宅の外部もまた大切なテーマとなる。

住まいにとって間近の外である庭、それは室内から直接出入りするもう一つの内とでもいえる場所だ。たとえ小さな庭であっても、それがあることにより、光や風を室内に導き、室内をより広く、豊かにすることを僕たちは知っている。京都の町屋の坪庭はそうした工夫の典型だろう。

また庭にある大きな木は夏の太陽を防ぎ、すばらしい日影をつくるかもしれない。近くの林や池はすがすがしい風を運ぶはずだ。僕たち建築家は敷地に合わせ、オーダーメードの洋服をつくるように住宅を設計する。

外と内とのつながりは、そうしたオーダーメードが特に生きる部分だと思う。小さい敷地であっても、風の通りそうな隣家のすき間や、視線の通る遠くを望められるところは、きっとあるものである。そうしたところの窓は隣の壁に向いた窓より何倍も素敵だろう。

僕たちの住まいは、たくさんの住まいの一つにすぎない。僕たちの住まいが僕たちのまちをつくっている最も大きな要素であることはいうまでもないだろう。いい換えれば、まちが僕たちの住まいにとっての外でもあるということだ。まちは住まいと応答している。まちによって住まいはその快適性を左右されているわけだ。

ヒートアイランド現象などと呼ばれる熱帯夜をつくる都市の気候は、僕たちが自らの「内」をつくり出そうとして、「外」にほうり出した排熱による、もう一つの気候である。

僕たちが住まいを考えるとき、とかくその「内」に注意が集中することは、当然のことといえる。しかし、僕たちのつくる「内」が「外」に影響していることを考えた家づくりができると、「外」、つまりまちはもう少し「内」にとってもありがたい存在になるのではないかと思う。

隣家との間はブロック塀よりも生け垣にして、少し余地があれば日影をつくる大きな木を植えよう。地表は舗装コンクリートではなく、雨水が通り虫の住める芝や草を植え、車の轍《わだち》の部分だけをコンクリート・ブロックなどで舗装するなどして、強固にする方法なども考えられる。西の壁や東の壁、そして屋根など熱負荷の大きなところに庇や断熱材を設け、また開口部を二重ガラスにするなどの工夫をほどこした省エネルギー住宅は、結果としてまちにとっても負荷が小さい。まちや自然と共生する家、そうした住まいは実は住み手にとっても快適な素敵な環境となる。

少しずつそうした住まいが増え、それを日々体験する人々も増えてきている。僕たちの生活そのものが、「使い続けられる社会」にと大きく変わりつつある。

あとがき

　建築やまちづくりを専門に勉強するためには、大学の工学部でそれを学ぶことになるのが普通だ。そしてそれを誰も不思議に思わない。しかし、本当にそれでいいのだろうか。

　建築やまちづくりという仕事は、とても不思議な専門領域だと、僕は思う。たしかに構造、設備、音響、施工といったテクニカルなテーマは専門性が高く、工学部で学ぶのがふさわしい。しかし専門家が建築計画学などといっている人間の行動、行為にかかわり、建築の機能に関すること、建築や都市の生産にかかわるたくさんの問題、特に最近取り上げられることの多い短期に使い捨てられる建築の寿命のこと、そこから発生する廃材のリサイクルや建設廃棄物問題などは、もっと社会的なフィールドにひろがる問題として考えなくてはならない。また、福祉、健康など社会の仕組みとかかわりの深い問題、ヒートアイランドなど都市環境にかかわる問題などは、政策的、政治的な問題として考えることがとても重要だ。ほかにも生活の仕方、家族、社会の中で僕たちがあたりまえと思って疑うこともない習慣やルールもきわめて気になる。

　そうしたものすべてが、建築やまちをつくる前提になる。そのうえ建築という大きなもの、それが持つもののかたちという魅力ある宿題も、もちろん大切に考えなくてはならない。建築、都市は決して工学部の中にのみ埋没することのできない仕事ではないかと思う。

　だから建築、都市は、それを考える側に多くのことを引き受ける能力や覚悟がないと、提案のあるものにならない。いつも新たに考えることがないと、昨日と変わることがないものにしかならない。建築を提案することは、ささやかに社会の改革を提案しているのかもしれない。そのうえ先にも触れた建築の造形、つまり美しさ、また景観としての建築の意味などについても、もっともっと深く考えるべきであろう。それらが単に工学的技術的な問題のみによって評価されるわけでないことは、先に述べたとおりだ。建築は専門家のみならず多岐にわたる多くの思考の集積として存在しなくてはならないのだろう。多岐にわたる思考は、多彩な才能の人々によるコラボレーションによってのみ可能になるのではないかと思う。コラボレーションに使用者である市民の参加が必須なのはもちろんである。そして計画にかかわる一人ひとりの専門家の内部の市民性とでもいうべきものが問われるのだろう。

　これからの時代、建築は今までのように大量につくられることはもうないだろう。そして多くの専門家、利用する人々の参加によって、建築が大切にたくさんの思考と話し合いの中で構想され検証されながら、必要とされる分だけが注意深くつくられるようになるのだろうと思う。利用する人、つまり市民の参加なしに建築やまちがつくられてきた戦後の半世紀に、市民が積極的に専門の分野について考えることもなくなってしまったといえるのかもしれない。このことは建築に限ったことではない。専門家がそのサービスの提供を受ける市民を見ず、プロに任せなさいといいながらことを進めることが、いかに問題を多く発生させるかは、このところのニュースで僕たちのよく知るところだ。

　本書は極力平易に住宅について述べることで、少しでも多くの人々に建築の役目や意味、建築家の任務について興味と知識を持っていただきたいと考え、それから僕自身が閉じこもる専門家にならないことを確認するために書き進めた。多くの読者のみなさんとの住宅をきっかけにした応答を通し、混乱するまちや景観のこと、廃棄物や交通のことなど、波及するたくさんの事柄についても考えていきたいと思う。

この本のために、改めて昔書いた原稿を読み直し、その中のいくつかは編集者と話し合いのうえ、本書に再録した。建築をつくり、そして考える作業はもちろん今も続いているが、そうした中で今もあきれるほど新しい知見が次々に現れる。それによって新たに稿を起こし、書き足し、書き直したいことも多くある。しかしそうした思いはいつを期限としても続くのだろう。覚悟をしながらペンを置くときである。そしてこうした機会が再度おとずれるのを待とうと思う。

「つくったり考えたり」というのは尊敬する内田祥哉先生のじつにおもしろい、豊かな内容の私家本のタイトルだ。これからの僕も、今までどおりつくったり考えたりしていきたいし、きっとそのようにしていくだろうと思う。

考えながらつくることの大切さを思いながら、いや今は考えることを根元から考えることが求められているのではないかとも思う。そして本当はこうしたときほど考えることがおもしろいときはないのかもしれないとも思うのだ。

本書をつくるにあたり、編集者、僕の事務所のスタッフ、友人、家族など、多くの人々の助言や支えがあった。出版を企て、実行することは、建築を企画し、設計することと似て、実にたくさんの仕事を必要とする。それらにかかわってくれた多くの人々に、この場を借りお礼を申し上げる。

二〇〇三年年三月

野沢正光

●初出一覧

「現場小屋が見た夢」
『SOLAR CAT』no.20(1995年春号)、「工業化の夢と質実な精神」

「つくる知恵と住まう知恵」
『毎日新聞』土曜版掲載(1997年3月8日ー4月5日)

「寒さと住まいのかたち」
『SOLAR CAT』no.16(1994年春号)特集「北国の住まい」

●写真撮影者

北田英治　p.12～18、20、22、25、27、32、34、40、44、45
47、58、59、64、67、68、69、128、129
共同通信社　p.49
平山忠治　p.50、80、100
新建築写真部　p.52、86左、110、112、114、119
GAフォトグラファーズ　p.74、75
藤塚光政　p.79、94右
野沢正光　p.21、84、93、94左
村井修　p.86右
木田勝久　p.104
多比良敏雄　p.120
三沢博昭　p.131、132

●図版・出典

『SOLAR CAT』no.37、宇佐見智和子「アイヌの伝統的民家チセ」　p.38
『建築』1962年5月号特集「フィリップ・ジョンソン」　P.78
"British Town Planning and Urban Design", Eleanor Smith Morris, LONGMAN, 1997　p.88
島村昇・鈴鹿幸雄著『京の町家』(SD選書)　p.89
『建築』1962年11月号特集「清家清」　p.96、97
『建築知識』1983年7月号特集「原点としての設計スピリッツ」　p.98
『建築知識』1989年1月号特集「住宅の50年代」　P.101
『建築知識』1984年2月号「住宅開口部のデザインとディテール」　p.104、105
吉村順三・宮脇檀著『吉村順三のディテール』(彰国社)　p.42、102、104
『吉村順三作品集』(新建築社)　p.18、19、36、40、44
"RALPH ERSKINE, architect", Mats Egelius,1990　p.126
"The Architecture of RALPH ERSKINE", Peter Collymore, Academy Editions, 1994　p.127

●図版・写真協力

吉村設計事務所

ブックデザイン――堀渕伸治◎tee graphics
カバー・イラスト――杉田比呂美
編集――真鍋弘十柴田希美絵◎ライフフィールド研究所

百の知恵双書
002

住宅は骨と皮とマシンからできている

野沢正光

野沢正光（のざわ・まさみつ）

建築家。一九四四年東京都生まれ。
一九六九年東京芸術大学美術学部建築学科卒。同年大高建築設計事務所入所。
一九七四年野沢正光建築工房（http://www.noz-bw.com）を設立し、現在に至る。
現在、OM研究所所長を兼任。
主な建築作品に、阿品土谷病院（一九八七年、奥村昭雄との協同）、
世田谷区立宮坂地区会館（一九九〇年）、
いわむらかずお絵本の丘美術館（一九九八年）、
長池ネイチャーセンター（二〇〇一年）、
西新井の住宅、国立の住宅、相模原の住宅など。
著書に「環境と共生する建築」（建築資料研究社）、
「居住のための建築を考える」（建築資料研究社）、
「団地再生のすすめ——エコ団地をつくるオープンビルディング」（マルモ出版）
などがある。

2003年3月25日第1刷発行

著者―野沢正光
発行者―真鍋　弘
発行所―OM出版株式会社
東京都港区芝5-26-20
建築会館4階　〒108-0014
編集所―有限会社ライフフィールド研究所
東京都渋谷区桜丘町30-4-602
〒150-0031
電話 03-3477-7310
発売所―社団法人農山漁村文化協会
〒107-8668 東京都港区赤坂7-6-1
電話 03-3585-1141
ファックス 03-3589-1387
振替 00120-3-144478
http://www.ruralnet.or.jp/
印刷所―株式会社東京印書館

ISBN4-540-02252-0
定価はカバーに表示。

百の知恵双書

002

たあとる通信

寒さと住まいのかたち

圓山彬雄＋小室雅伸＋野沢正光

●――北方圏という視点

野沢　北海道の建築家や研究者の方たちはよく「北方圏」ということをいいますね。北海道の人たちが「北方圏」ということをいい出したのはいつ頃なのですか?

圓山　もう二〇年以上前になりますね。デザインをやっていた人たちがいい出したんです。北海道は北欧と同じような寒さなのに、彼らはどうも楽しそうだ。どうも住み方が違うのではないかということで、ツアーを組んで視察に行ったんです。僕も当時、まだ二〇代でツアーに参加した。ですから「北方圏」の研究は住み方から入っていったんです。

　北欧の人たちの住み方や暮らし方から出てくる工芸品などへの興味から入っていったわけですけれど、そういう暮らしを支える家も「どうもこっちのと違うんじゃない」というあたりで、技術的な問題にも目がいくようになったわけです。

小室　住宅のハード面でいうと、ツララやスガモリがデレーッと軒先にくっついたりする問題が家をつくるたびに発生して、工務店にとって大きな問題になっていた。ですから北海道では大学の研究者と工務店との間のコンタクトが当時からとても親密にありましたね。「どうしたらいいの?」というね。

編集　北欧の住宅や家具の質が高い理由はなぜなんでしょうね。

野沢　どうしてだろうね。とにかくスカンジナビア三国は、ついこの間まで極貧国であったことはまちがいがない。それが生きるための諸装備みたいなものをものすごい勢いで獲得してきたわけでしょう。社会保障といった制度的なものから家具やクラフト類まで。だけれどそれ自身が長い伝統を持っているわけではないと思う。とにかく、日本列島を横にずらしたところで、イタリア半島ぐらいのところにしか位置しないわけですからスカンジナビア三国はとんでもなく北にある。

小室　札幌でフィレンツェですからね。

野沢　フィンランドの建築家アルバー・アールトの自宅を見に行ったとき、木の羽目板が六〇年も前にできたとは思えないほど何ともないんですよ。木材を腐食させる菌類がいないみたい。関東地方でしたら庇の出ていない木の外壁など菌類に食べられて跡形もなくなってしまうところです。

●断熱・気密と結露

編集　ところで、住宅で壁の間に通気層をとって二重壁にするという、皆さんが現在スタンダードにやっておられるディテールは、いつ頃までさかのぼれるのですか?

野沢　外壁の外側に通気層をとるという方法は、そんなに新しい技術ではない。下見板を張るのだって通気層はとれている。意識してやったのかどうかを別にすればね。逆に密閉するということが昔はしたくてもできなかったわけだ。それがあるときからできるようになった。寒くて密閉したほうがいいというので、密閉し

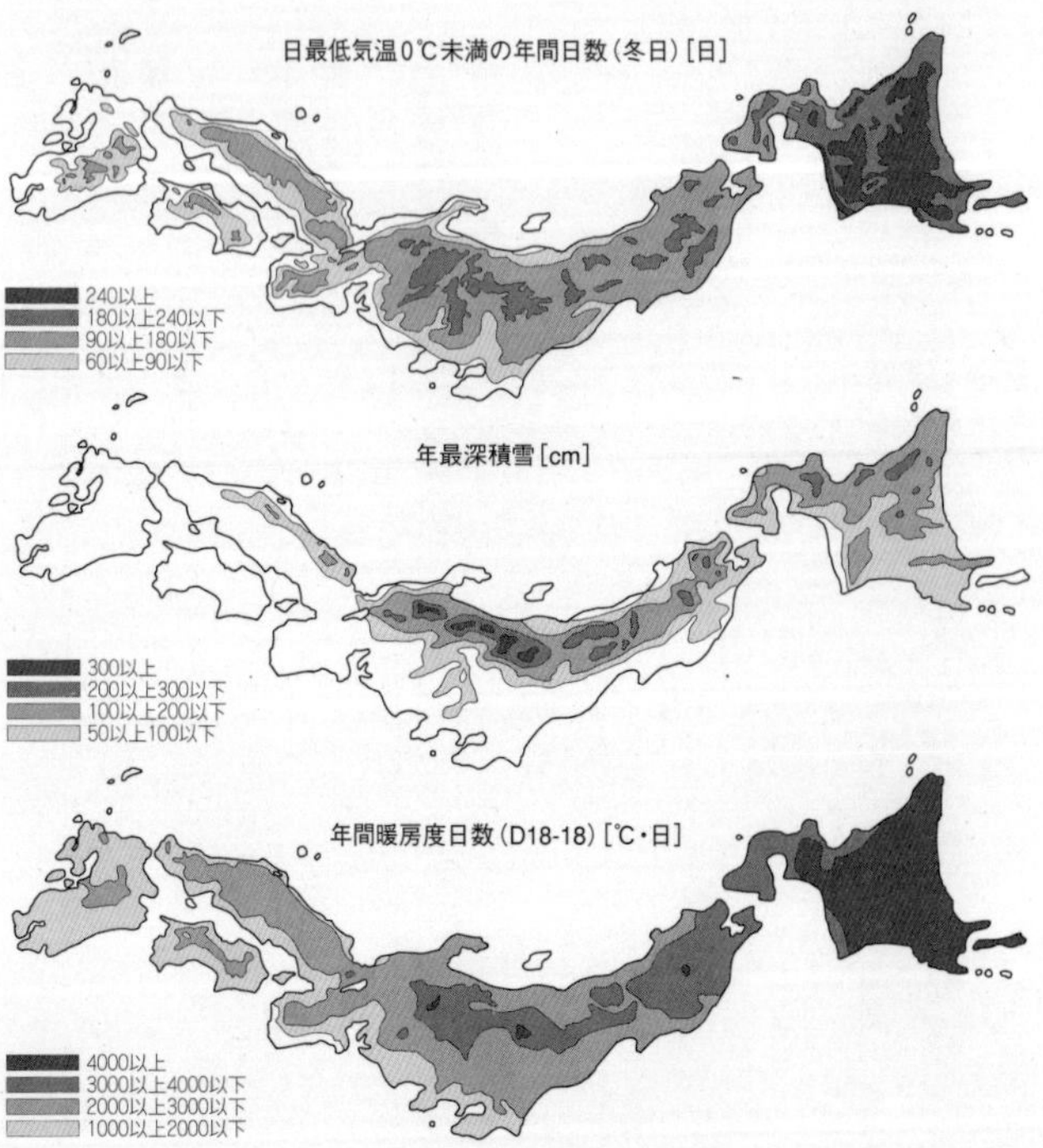

日本の寒冷地の気象

年間暖房度日数とは、外気温と室内設定温度の差を積算したもの。
左の日本地図は外気平均気温が18℃以下になった日の外気平均気温と室温18℃との差を1年間累積した値である。

てみたらいろいろな問題が起きたわけだ。

圓山　僕は断熱、気密の技術が発達したのは、ドイツではないかと思う。僕が学生のときだからもう四〇年近く前に、ドイツの建築専門雑誌を見たときに、外壁の断面図に空気層が書いてあった。

板を張った内側に空気の流れの矢印が書いてある。そのときに「壁をつくって断熱しているのに中に空気を入れてバカじゃないか」と思った。当時はまだその理由が僕にはわからなかった。実はそれは内部結露の防ぎ方だった。

その頃の北海道は、ちょうどアルミサッシが出始めた頃なんです。それまでは内地と同じ引き違いの木製建具だった。隙間風をなくすために、冬になると外側にビニールを張っていた。そこが結露して湯気がついていると「暖かい家だな」と思えるようだった（笑）。

それがアルミサッシに代わった。そのときに、まだ僕は学生でしたが、北大の環境系の堀江先生が、「サッシの使い方を間違えている。アルミサッシを内側にして木を外にすべきだ」と。そうしないと、アルミのところでみんな結露してしまう。「気密性の高い材料を内側に置いて、ラフな材料を外に付けなければいけないよ」といわれたのだけれど、誰も理解できなかった。耐久性を考えたらアルミを内側に入れて木を外に出すなんていうことは、バカではないかと思われていた。

それから一〇年ほど経って内部結露の問題がドーッと出てきた。「暖かい、暖かい」と喜んでやっていたら、室内の湿気がみんな壁の中で結露して、それが土台のまわりに付く。そこにナミダダケというきのこがびっしり生えたんだよ。工務店が涙を流すような問題だった（笑）。その辺の事情もあってヨーロッパの技術に目が向いたと思うんだ。

●──寒さと住まいのかたち

野沢　寒さという条件によって、建築が持つかたちというものがあると思うんですね。一般的にいうと、なるべく表面積を小さくして中の体積をまるまる全部使おうとする。圓山さんの住宅も小室さんの住宅も全体積が室内側になっていて、その中は一つの暖房機で全部うまくいくように、あまり区画がないようになってい

圓山彬雄（まるやま・よしお）
1942年新潟県生まれ。URB建築研究所主宰。代表作に、北海道工業大学図書館、細田邸、矢島邸、本の森・厚岸情報館など。

小室雅伸（こむろ・まさのぶ）
1952年北海道生まれ。北海道建築工房主宰。代表作に、まこまない明星幼稚園、日本キリスト教会神学校、川沿の三角屋根、陸別保育園など。

野沢正光（のざわ・まさみつ）
1944年東京都生まれ。野沢正光建築工房主宰。代表作に、いわむらかずお絵本の丘美術館、長池ネイチャーセンター、世田谷区立宮坂地区会館など。

ますね。

小室　僕が二五年ほど前に最初に住宅をつくった当時は、北海道で吹き抜け空間をつくるなんてとんでもない話だった。「何を考えている。寒いべさ」という話になった。居間の吹き抜けの中に階段があるようなプランもあり得なかった。階段は玄関ホールの寒いところに置かれていて、その脇には必ず便所が付いているのが、基本的なかたちとしてあった。それが今では吹き抜けが当たり前になっている。

野沢　高断熱、高気密が可能になって、吹き抜け空間があっても大丈夫になったということは当然あるんでしょうね。

圓山　断熱性能のいい家をつくると、隅まで使えそうという感じがある。例えば、その隅っこへ椅子を持っていって何かをやっても使い切れるという感じというか、室内の密度が端までピシピシいっているという感じがする。コーナーがしっかりしているからエッジの立った豆腐みたいなつくられ方をしている。一方、開放型の内地の家のつくり方というのは、ちょっとだらしない角が崩れかかった安い豆腐のような気がして仕方がない（笑）。

　僕の自邸もあるとき、外断熱にした。そうしたら家族が変わるんです。隅々までみんなが使い始める。要するに空気の温度分布で領域がつくられているような気がするんだ。これまでの放射型の暖房だと、隅はまるく掃除をするみたいにエッジが甘いんだね。ところが外断熱にしたとたんにビシッと壁端まで使い切れるという感じがする。

小室　そうだね。今までは寒いから間仕切って、そこだけ暖かくしようというのがあった。それが断熱化することによって全体をカバーしようというふうに変わってきた。そのときに区切らなければいけないというタガがはずれた。プランニングの制約がそこではずれた。

野沢　だから僕は北海道でシェルターとしての優れた性能を持った住宅が生まれてきて、その中での自由度を獲得したときに、住まい手やつくり手が、北海道の長い冬を楽しむ住宅にこれからどんな生活を探すのか、とても興味がある。

圓山　「五時から男」の家がやはり家としてはよくなる（笑）。五時に帰ってきて夜寝るまで家にいる人の家と、夫婦そろって稼いで夜半に家に帰って寝るだけの人の家とでは、それこそ設えに対する要求が違うのは当然だからね。

野沢　住まい手の多様な暮らしのソフトウエアが定着してくるというか、時間が積み重なってくると、そこに人がいなくてもさっきまでそこに人がいたような落ち着いたいい雰囲気の設えが生まれてくるんでしょうね。

圓山　例えば、物書きの雰囲気のある書斎などを雑誌などで見ると、だいたい散らばっている。だけどそこの主人のセオリーみたいなもので、実は統一されている。整頓されていないけれど整理はされている。それがある種の雰囲気を持つわけだろうね。

野沢　そうそう。

圓山　あれはなぜかというと、次にその部屋に戻ってきたときに、いかに同じ状況にすぐ集中できるかということだと思うんだ。片づけてしまうと全部また新規にやらなければならないけれど、そのままだと「あ、ここまでやったんだな」と、すぐに入れる。同じように、居間などでも長い時間をそこで過ごすようになると、ちょっと席をはずして買い物をして帰ってきても、またスーッと入れるためのセオリーができてくると思うんだ。

野沢　時間が止められるわけだ。その前提として高断熱、高気密の住宅であるということはやはり大きな条件だね。風が吹いてすぐにほこりだらけになるようだと、なかなか難しいですからね。

環境技術と社会システム

槌屋治紀＋野沢正光

●九〇年代に現れた革命的新技術

野沢　槌屋さんはエネルギーの分析がご専門で、二酸化炭素削減のシナリオづくりなどに従事されているわけですが、地球環境問題が今ほどクローズアップされていなかった二〇年以上前に、すでにエイモリー・B・ロビンスの『ソフト・エネルギー・パス』を翻訳されていますね。

槌屋　エイモリー・ロビンスは、現在はコロラド州に設立したロッキーマウンテン研究所の所長をしています。彼は当時、エネルギーをどんどん大量に使えばみんなの暮らしがよくなるというのは、過去の考え方だと指摘した。エネルギーを大量に供給することばかり考えていると、石炭とか原子力とか、環境に対して非常に問題を起こす資源を大量に使わざるを得なくなってしまう。ところが、エンドユースを見ると一番必要なのは、快適に暮らすとか、上手にものをつくることが重要であって、エネルギーの量は本当は問題ではない。できることなら少ないに越したことはないのだということをいったわけです。

野沢　今から見れば当然の指摘だった。『エネルギー耕作文明』を書いたのも同じ頃ですか。

槌屋　そうです。八〇年ですから、二二年前です。七三年に石油ショックがあるわけですが、僕はエネルギーというものが日本でどういう状況になっているのか、ほとんど知らずに石油ショックを迎えた。それで、ちょっと本気でこの問題を調べようと始めたわけです。七四年から調べ出して、三年ぐらい調べていました。それで将来は、とにかく効率を上げることと太陽エネルギーだなと確信した。

　よくいうでしょ。核融合の研究は、ずーっとやっていてもいつまでも成功しないから失業しないって（笑）。それと同じで、ある意味では逆ですが、僕は、この効率を上げるということと太陽エネルギーをずーっとやっていこうと。これは失業しない。なぜかといったら、これは非常に長期的なテーマで、絶対そうなるか

槌屋治紀（つちや・はるき）
1943年千葉県生まれ。（株）システム技術研究所所長。専門はシステム工学で、エネルギー分析、二酸化炭素削減のシナリオ研究に従事。著書に『エネルギー耕作文明』（東洋経済新報社）、『技術の分析と創造』（共著、放送大学教育振興会）、訳書に『ソフト・エネルギー・パス』（エイモリー・B・ロビンス著、時事通信社）など。

らと思ったわけです。そうしたら、本当にそうなってきた。自分が考えたことがまちがっていなかったというのは、非常に楽しいことですよ。

八〇年代は石油が安くなったから、あんまりエネルギーのことにみんなが関心を持たなかったけれど、八〇年代末に地球温暖化という問題がクローズアップされて、九〇年代の初め頃から、そういう活動が国際的に非常に活発に始まったんですね。それまでいろいろ計算したり、いろいろな技術を調べてきたことが、役に立つ状態になった。ものごとを考えてから本当にそうなるには二〇年ぐらいかかるんだな、と（笑）。最近では政府、自治体、企業、NGOのみなさんからいろいろな話が持ち込まれます。

九〇年代になって、いろいろ技術的におもしろいことが出てきている。例えば青い発光ダイオードができたので、普通の照明にも使われる可能性が出てきた。

野沢　信号灯に使われていますね。

槌屋　そうです。日本中の交通信号灯を全部発光ダイオードに変えたらどうなるかと調べたら、日本中に九八万個の交差点の信号があって、三個のうち一個は必ず二四時間ついているわけです。それが一個八〇ワットぐらいなんです。それを発光ダイオードに換えると、二〇ワットで済むんです。これを全部切り替えると、二酸化炭素がどのぐらい減るかというような計算をしています。

それから九七年にトヨタがハイブリッドカーを出しましたが、そのときに僕は、二〇一〇年までに日本中の車の六割をハイブリッドカーにしたらどうなるかという計算をして持っていったんです。トヨタ自動車の人は、そんなことは難しいですよといっていたけれど、現実には、トヨタはハイブリッドの車種を今どんどん増やしている。もうハイブリッドカーを一〇万台売っています。

野沢　クラウンまでありますね。

●燃料電池がおもしろい

槌屋　燃料電池のことを今調べているのですが、これがとてもおもしろい。自動車用の燃料電池を量産したら、どのくらいの値段でできるかという計算をしています。産業界や技術開発の分野で、環境技術が主要なテーマになってきていますが、これは非常にいいことだと思いますね。

今年の六月に、モントリオールで開かれた水素エネルギー会議という会議に行ったのですが、モントリオールのいちばん大きなホテルに、世界中から一〇〇〇人も来ていた。一〇〇〇人の国際会議って、それはすごい会議です。どうしてこんな変化が起きたかというと、八〇年代にカナダのバラード・パワー・システムという会社が、燃料電池の小型化に成功したからなんです。ジェフリー・バラードのつくった会社です。その実物を見てきましたが、ちょうどこのくらいの大きさですよ（八〇センチ×三五センチ×二五センチ）。それで八五キロワットも出る。三〇〇〇CCぐらいの自動車が動いてしまうようなものが、もうできているわけです。環境問題というプレッシャーがあって、そういう新しい技術が生まれてきているということを、つくづく感じます。

燃料電池の利用は自動車以外ではモバイルが早い。携帯電話とかパソコンが一カ月間充電しないでも動く。それから家庭用のコ・ジェネ、業務用のコ・ジェネの分野ですね。

編集　そうすると、ガス会社と電力会社は大変ですね。これからどういう会社になっていくかということを、本当に考えないと。

野沢　エネルギー会社というような形態で、ガスと電気をいっしょにしたほうが効率がいいですね。

槌屋　欧米ではいっしょの会社がありますね。サザンカリフォルニア・ガス・アンド・エレクトリックとか。

野沢　ドイツでも、エネルギー公社があります。

槌屋　そうですね。自治体が持っています。

●技術が変える社会システム

野沢　フライブルグなどは、初め自分の町の廃棄物処理場から出るメタンガスで発電を始めて、今では五〇%以上を自家発電でまかなっているそうです。サッカースタジアムの屋根の上に太陽電池を並べたりしている。個人の持っているソーラーシェルの発電だと、周辺機器にお金がかかるでしょう。インバーターを一軒に一個ずつ付けないといけないとか。そうすると、投資したお金の割には、太陽電池がいっぱい買えないみたいなことがありますよね。だから、工場やスタジアムなど公共の屋根を借りて、そこに自分の分も含めて並べるような工夫をやっています。

槌屋　そうですね。北欧は協同組合が発祥したところだから、そうした一種のエネルギー民主主義みたいないろんな活動をしていますね。日本でも、北海道の生活協同組合が、みんなから電気代を少しずつ集めて、二〇〇一年の十一月に一〇〇〇キロワットの風車を建てました。

野沢　何か小さなガバナンスというか、自治体などが小さな経営体だと思って、自由に試したり、独自の発想で、地域の社会システムを変えていくようになると、日本もおもしろくなりますね。

燃料電池がすべてを片づけるわけではなくて、風力も参加するし、バイオガスも参加する。それらがいつの間にか、全体のエクセレントなシステムに変貌していくようなイメージを持つわけですが、大切なのはそれを支える仕組みづくりですね。

イギリスでナショナルトラスト運動が発祥したときのことをよく考えるのですが、一八五〇年頃にビクトリアの乱開発がどんどん進んでいったときに、オクタビア・ヒルなど数名の市民が自分たちで土地を買い取ってしまおうと構想する。おそらく当時、こうした運動に対して大きな抵抗があったと思うんです。新しい社会システムを彼らは構想したわけですから、既存の制度となじまないところもあったはずですね。それが、現在ではイギリスの海岸線の五分の一をトラストが所有するまでに成長し、一方で大きな観光産業にもなっていたり、あるいは、そこの中で、維持管理するための職人や技術者を育てたりしているわけです。

何か今までの社会システムとはちがうけれども、こんなふうに意味があって、こんなふうに人々はそれに寄り添って生き生きと暮らしていけるという仕組みづくりが必要とされているのだろうと思います。

今、技術的にこういうことが可能である。それはこういうネットワークになるだろうということの次に、そのことでどういう社会システムがイメージできるのかということが、本当はとても大事なんだと思いますね。

足もとから暮らしと環境を科学する

「百の知恵双書」の発刊に際して

21世紀を暮らす私たちの前には地球環境問題をはじめとして、いくつもの大きな難問が立ちはだかっています。今私たちに必要とされることは、受動的な消費生活を越えて、「創る」「育てる」「考える」「養う」といった創造的な行為をもう一度暮らしのなかに取り戻すための知恵です。かつての「百姓」が百の知恵を必要としたように、21世紀を生きるための百の知恵が創造されなければなりません。ポジティブに、好奇心を持って、この世紀を生きるための知恵と勇気を紡ぎ出すこと。それが「百の知恵双書」のテーマです。

ISBN4-540-02251-2

ISBN4-540-02253-9